浙水敷文

浙江名碑名刻拓本

杭州市文物遗产与历史建筑保护中心 编
金霄航 魏祝挺 主编

浙江古籍出版社

编辑委员会

凡　例

一、本书正文中的文字部分主要由拓本尺寸、基本情况及释文构成。标题下方的收藏单位是指拓片收藏单位，非碑刻收藏单位。

二、本书碑刻部分以时代为序编排，共分为秦汉、魏晋、唐、宋、元明清五个板块，板块中以具体时间早晚进行编排。

三、释文采用通行简体字。缺失或不可识别文字用虚缺号（□）表示，难以明确字数的部分以省略号（……）表示；以“/”作为分行符号。漫漶不可识别、借助文献补足的文字因数量较多，不另做标示。

四、释文内容分主体及附刻两部分，主体指碑刻原刻内容，附刻指后世加刻内容，前者用楷体字，后者用仿宋字。两面及以上碑刻，以宋体加圆括号形式标注阴阳面或碑文层级，如：（碑阳）（碑阴）（碑侧一）（第一层）。

五、本书采用简体横排形式，部分窄长形碑刻囿于版面条件，释文采用直排形式。

前　言

古代碑刻石刻文物，是具有历史、艺术、科学价值的石质文化遗存，形式多样，其上镌刻的文字、图案等内容，文艺兼具、内涵丰富、寓意深远，是我国独特而宝贵的历史文化资源。

2023年7月，国家文物局公布《第一批古代名碑名刻文物名录》，全国共有1658通（组）碑刻石刻入选，浙江省有41通（组），现分别保存、收藏、展示于浙江9个设区市27家文博单位中。

这41通（组）名碑名刻，有碑碣、帖石、发愿文、买地券、墓志、星象图、经幢、摩崖题记等多种类型。立碑年代上自秦汉，下至清末，时间跨度长达2200余年。撰刻书者既有帝王将相、州县长官，亦有隐士僧道、平民百姓，所镌录的历史信息与史书互相补证，是浙江大地上政治、经济、文化、风物的真实历史写照。这些碑石写刻艺术精美独到，篆隶楷行草五彩纷呈，更有罕见的先秦鸟虫文，是研究古代文字、书法发展历程和演变不可多得的艺术实物资料，反映了我国独树一帜、源远流长的传统文化和艺术底色。

“浙自会稽刻石以来，丰碑巨碣，制作如林，然浸寻岁月，磨灭而仅存者，盖千百之什一尔。”这遍布浙江各地的41通（组）名碑名刻，不仅是浙江2200余年发展历程中幸留下来的实物代表，更是浙江2200余年来社会发展脉络的缩影，集中体现了中华文明突出的连续性、创新性、统一性、包容性、和平性，蕴含中华民族尚古好文的独特气质和文化品位。

这41通（组）名碑名刻，或傲立于山林流瀑之间，或静伫于庙宇馆阁之内，历经风霜雨雪、日月流转，斑驳的表面至今散发着浓厚的金石气息。拓片的集中呈现，或可再现往昔荣光，引发时人追索。

金霄航

2024年10月

目录

第四章 风雅两宋 —— 宋代浙江名碑名刻

第五章 富庶江南 —— 元明清浙江名碑名刻

浙水敷文
——浙江名碑名刻概况

古代碑刻石刻文物，是指在各种石材上雕刻铭文，具有历史、艺术、科学等价值的古代物质遗存，主要包括碑碣、墓志、摩崖、造像、刻经等类型，集书法、绘画、雕刻等多种艺术形式于一身，记录了中华民族、中华文明发展历程中政治、经济、社会、文化、天文、地理、风物等多维度丰富的历史信息，是独特的历史文化载体。我国古代碑刻石刻文物数量巨大、种类繁多，通常使用记事性文体，用以表彰、追颂死者生平事迹或祭祀神灵、记载重大事件等。

2023年7月，国家文物局公布《第一批古代名碑名刻文物名录》，包含碑刻、摩崖石刻等1658通（方）重要文物，其中浙江省41通（方）重要文物入选，保管收藏于9个设区市、27家文博单位。

《第一批古代名碑名刻文物名录》中浙江省入选文物

序号	名称	类型	书写时代	书体	所在地/收藏单位
1	会稽刻石	碑	秦	篆书	绍兴大禹陵
2	禹陵窆石题记	刻石	始于东汉	隶书等	绍兴大禹陵
3	三老讳字忌日碑	碑	东汉建武二十八年（52）	隶书	杭州西泠印社
4	建初买地刻石	摩崖	东汉建初元年（76）	隶书	绍兴跳山
5	岣嵝碑	碑	不详	鸟虫文	绍兴大禹陵
6	朱曼妻薛氏买地券	刻石	东晋咸康四年（338）	篆书	温州博物馆
7	兰亭刻石（何氏藏定武本）	帖石	东晋永和九年（353）	行书	浙江省博物馆
8	兰亭刻石（丰坊摹刻神龙本）	帖石	东晋永和九年（353）	行书	天一阁博物院
9	葛洪南明山“灵崇”题刻	摩崖	东晋	隶书	丽水南明山
10	谢灵运石门洞诗刻	摩崖	南朝（约420—433）	楷书	青田石门洞
11	吕超静墓志	墓志	南齐永明十一年（493）	楷书	浙江省博物馆
12	李邕三岩“雨崖”题刻	摩崖	唐（约678—747）	楷书	丽水三岩
13	源少良等神尼舍利塔题名	摩崖	唐天宝六年（747）	楷书	杭州飞来峰
14	李阳冰“倪翁洞”题刻	摩崖	唐（约721—787）	篆书	缙云仙都
15	李阳冰缙云县城隍庙碑	碑	唐乾元二年（759）	篆书	缙云县博物馆
16	高元和等仙都题名	摩崖	唐建中元年（780）	楷书	缙云仙都

（续表）

序号	名称	类型	书写时代	书体	所在地 / 收藏单位
17	顾渚山最高堂摩崖题记	摩崖	唐（784—851）	楷书	长兴顾渚山
18	萧悦等天竺寺题名	摩崖	唐长庆年间（821—824）	楷书	杭州飞来峰
19	阿育王寺常住田碑	碑	唐大和七年（833）	楷书	宁波阿育王寺
20	杭州龙兴寺经幢	经幢	唐开成二年（837）	楷书	杭州市拱墅区
21	钱元瓘墓星象图石刻	刻石	后晋天福七年（942）	线图	杭州孔庙碑林
22	金华万佛塔经幢	经幢	北宋嘉祐七年（1062）	楷书	浙江省博物馆
23	沈括等高阳洞题名	摩崖	北宋熙宁六年（1073）	楷书	丽水南明山
24	沈括雁荡山龙鼻洞题名	摩崖	北宋（约1031—1095）	楷书	乐清雁荡山
25	赵抃等仙都题名	摩崖	北宋元丰三年（1080）	楷书	缙云仙都
26	叶诜等发愿文碑	碑	北宋元丰七年（1084）	楷书	义乌市博物馆
27	蔡卞书曹娥碑	碑	北宋元祐八年（1093）	行楷	上虞曹娥庙
28	金仙岩方腊碑	摩崖	北宋宣和三年（1121）	楷书	衢州金仙岩
29	方腊起义刻石	刻石	北宋（约1121—1127年）	楷书	淳安县博物馆
30	南宋太学石经	碑	南宋（约1127—1162年）	楷书	杭州孔庙碑林
31	孔子及七十二弟子像赞石碑	碑	南宋绍兴二十六年（1156）	楷书、线图	杭州孔庙碑林
32	敕赐开化之寺碑	碑	南宋（约1162—1167）	楷书、行书	杭州六和塔
33	重修智者广福禅寺碑	碑	南宋嘉泰三年（1203）	楷书、草书	金华侍王府
34	重修通济堰规碑	碑	南宋乾道五年（1169）	楷书、行书	丽水通济堰
35	祖考处士赵公圹志	墓志	元至顺元年（1330）	楷书	安吉县博物馆
36	道场山祈年摩崖题刻	摩崖	元后至元五年（1339）	楷书	湖山道场山
37	盐官海神庙御碑	碑	清雍正八年（1730）	楷书	海宁盐官海神庙
38	苏堤春晓御碑	碑	清（1699—1784）	行书	杭州西湖
39	曲院风荷御碑	碑	清（1699—1762）	行书	杭州西湖
40	阮元石门洞诗刻	摩崖	清嘉庆三年（1798）	行书	青田石门洞
41	赵亮熙游南明山诗碑	碑	清光绪十八年（1892）	楷书	丽水南明山

一、类型

碑刻石刻文物，可大致分为“碑刻”和“石刻”两类。“碑刻”一般指碑碣和墓志，是人造物，竖立于地表或安置于墓葬。“石刻”一般指摩崖题刻，依天然崖壁雕刻而成。但是实际上，碑刻和石刻又可以继续细分，种类繁多，一般包括刻石、碑碣、墓志、塔铭、刻经、造像、摩崖题名、摩崖榜书等。

在浙江41件（组）名碑名刻中，有刻石、碑碣、帖石、经幢、摩崖等多种类型，内容涵盖发愿文、买地券、墓志、星象图等很多方面。

秦始皇刻石纪功，开创了中国铭石刻碑之风气。最初的刻石，直接刻于稍加修整的天然岩石之上。东汉《越绝书》卷第八记载：“取钱塘浙江岑石。石长丈四尺，南北面广六尺，西面广尺六寸，刻文立于越东山上。”秦“会稽刻石”是浙江最早的刻石，可惜原石已经不存。

东汉以来，碑碣用以纪事颂德，大为流行，形制也有了一定的格式。入选《第一批古代名碑名刻文物名录》的东汉“三老讳字忌日碑”、唐“缙云县城隍庙碑”“阿育王寺常住田碑”、宋“曹娥碑”“敕赐开化之寺碑”“重修智者广福禅寺碑”“重修通济堰规碑”、清“盐官海神庙御碑”“苏堤春晓御碑”“曲院风荷御碑”“赵亮熙游南明山诗碑”等，是历时最久、数量最多的碑刻类型。其中，纪事的内容最多，东汉“三老讳字忌日碑”属于家族纪事碑，唐“阿育王寺常住田碑”、南宋“重修智者广福禅寺碑”属于寺院纪事碑，唐“缙云县城隍庙碑”、北宋“曹娥碑”、清“盐官海神庙御碑”属于祠庙纪事碑，南宋“重修通济堰规碑”属于水利纪事碑，南宋“敕赐开化之寺碑”甚至将官方文件依原样刻碑，这些都体现了碑碣代表官方话语传播者的形象。

唐代以后，人们开始将前人墨迹摹刻在石板或木板上，经传拓后供人们临习、欣赏。刻帖时，先将墨迹上的字用透明的纸以墨摹下来，然后用朱色从背面依字勾勒，再拓印上石，最后镌刻。这种刻帖的石版，即称为帖石。刻帖往往采用横长方形平面，因此特别适合写本文书、图画的摹刻。浙江历史上最著名的书法作品——东晋王羲之的《兰亭集序》，历史上的刻帖众多，这次入选的何氏藏宋刻定武本和明代丰坊刻神龙本，均为现存兰亭帖石中的稀世珍品。南宋“太学石经”“孔子及七十二弟子像赞石碑”实际上也是刻帖的帖石，用于传拓。这两组大型帖石，均为嵌碑，数量众多，当时往往嵌入长廊的墙壁之中。

发愿文是一种宗教应用文，表达发愿者造像、造殿、造塔等的祈愿和经过。其中造像发愿文通称为造像记，依附于造像或石窟之侧。而造殿和造塔发愿文则是以碑的形式，埋入殿、塔的地宫、天宫之中，体型小巧，如北宋叶诜等发愿文碑，即是造殿发愿文。

买地券又称墓券、地券，是古代的随葬明器，出现于东汉以后。人们相信，为死者造墓，先要向地下神明买地，确认死者墓地的使用权。买地券一般以方形或长方形的石、玉、砖或竹木制作而成，上面刻写文字。东晋“朱曼妻薛氏买地券”即是典型代表，东汉“建初买地石刻”则是刻于摩崖之上的买地券。

墓志指放在墓中的刻有死者生平事迹的石刻，滥觞于秦汉之际，发展于魏晋，兴盛于唐，延续至明清。墓志有固定的形制和专门的文体，主要记述死者姓名、生卒年和生平事迹。墓志一般分上下两层，上层称为盖，下层称为底，盖上刻有标题，底部刻有志和铭，南齐“吕超静墓志”、元代“祖考处士赵公圹志”是墓志不同发展时期的见证。

星象图是一种特殊的刻石，往往位于帝王墓葬之中。在晚唐五代的马氏墓、钱元瓘墓、吴汉月墓三座吴越国高等级王室墓葬中均发现了星象图刻石，均位于后室的顶部，应为王室墓葬专用。此次入选的钱元瓘墓星象图石刻，在目前已发现的星象图中时代较早，反映了五代天文学方面的突出成就。

经幢，原为丝织品，书写经咒，供僧俗礼拜瞻仰。石经幢之建，随佛教密宗而起，起源于盛唐，兴盛于晚唐五代宋辽。杭州“龙兴寺经幢”是晚唐经幢的代表，体量大，文字多，刻写《佛顶尊胜陀罗尼经》，由当时知名书家书写，竖立于地表，是寺院建筑的一部分。金华“万佛塔经幢”则是宋代经幢的代表，刻写《无垢净光大陀罗尼经》，体量小、文字少，藏于塔下地宫，注重实用性。

摩崖，指直接雕刻于天然崖壁的文字，包括题名、榜书、诗文、纪事、经文，还包括石刻造像。

题名，是摩崖中最流行的题材。本次入选的唐“源少良等神尼舍利塔题名”“高元和等仙都题名”“顾渚山最高堂摩崖题记”“萧悦等天竺寺题名”、北宋“沈括等高阳洞题名”“沈括雁荡山龙鼻洞题名”“赵抃等仙都题名”“庄仲修等金仙岩题名”等，均为摩崖题名。摩崖题名通常由姓名、时间等信息组成，加上摩崖现场，是古人到访的准确见证，堪称古人的“到此一游”。此外，摩崖题名通常题刻于当时的知名景观处，也是景观生成和历史变化的见证。

榜书，又称“擘窠大字”，在摩崖中十分常见。东晋葛洪南明山“灵崇”题刻、唐李邕三岩“雨崖”题刻、唐李阳冰“倪翁洞”题刻即是典型代表。榜书一般仅有二至四字，字大显眼，一目了然，是对景点的命名和增色，能够深化游人对眼前景观的印象。榜书的字体没有限制，可以是篆书、隶书、楷书等。

摩崖诗文在明清较为多见，南朝谢灵运石门洞诗刻是较早案例，此外还有后世的清阮元石门洞诗刻。摩崖中的纪事题刻较少，元代“道场山祈年摩崖题刻”体量大、文字多，堪称摩崖碑。

还有一些特殊形制的石刻。如东汉“禹陵窆石”，如同大秤锤一般，历代题刻环绕整整一圈。北宋“方腊起义刻石”，小如鹅卵石，四面题刻文字。

与普通文物一样，碑刻也可分为不可移动文物和可移动文物两大类。摩崖刻于天然崖壁，大型碑碣、经幢则因搬运不便，一般属于不可移动文物的范畴，由当地的文物主管单位管理。帖石、发愿文碑、买地券、墓志和小型经幢，一般属于可移动文物的范畴，由博物馆等机构收藏。

二、来源

浙江41方名碑名刻，从来源上可分为传世品和出土品两类。

秦汉年代久远，许多传世碑刻石刻在流传过程中未得到较好的保护，拓本便显得尤为重要，重刻的“会稽刻石”与“峄山刻石”就由此得来。汉唐对金石方面的研究积累为宋代金石学打下了基础，清代考据学的兴盛也带动了金石学的发展，金石爱好者开始关注生拙而有“金石气”的石刻文字，为浙江碑刻拓本的保存和流传提供了良好的环境。

后世往往会对这些传世作品进行修补，或加深字口。如大多数的“西湖十景碑”，就在太平天国运动中被毁，“苏堤春晓碑”断为三截，清末修补而成。已被完全破坏的碑碣，也可以利用早年的拓本，进行翻刻，如“会稽刻石”“缙云县城隍庙碑”等。刻帖也是翻刻的一种形式，早期的书写作品，因而得以代代相传。

后人在地下发现的古代碑刻石刻，统称为出土品。在农业生产、建造施工的过程中，有时会发现古代的碑刻石刻。清末民国时期，余姚客星山出土了汉“三老讳字忌日碑”，温州平阳鲸头村出土了东晋“朱曼妻薛氏买地券”，绍兴螭阳之谢坞出土了南齐“吕超静墓志”。1949年以来，杭州淳安王家源村出土了北宋“方腊起义刻石”，湖州安吉山川乡出土了元“祖考处士赵公圹志”。考古发掘，也是近年来出土碑刻石刻的主要手段，如北宋“金华万佛塔经幢”“叶诜发愿文碑”等文物，均为考古中的发现。

摩崖石刻，无法移动，不易毁坏，一般可归类为传世品。但也有部分摩崖，后世掩埋于人迹罕至的草木之中，数百年无人发现。因此久已失传的摩崖石刻的再发现，也是一种“出土”的过程。近年来，摩崖爱好者在杭州飞来峰发现了久已失传的唐“源少良等神尼舍利塔题名”“萧悦等天竺寺题名”，使之重现于世，也已入选本次名碑名刻名录。

三、时代

浙江省入选的碑刻，上自秦“会稽刻石”，下至清末“南明山诗碑”，时间跨度达到2200多年。但实际上，关于这批碑刻的断代，也具有一定的复杂性。

从刻石的年代来看，秦“会稽刻石”是元代复刻宋摹本之后，清代再复刻元明拓本，其背面的秦“峄山刻石”则是元代复刻宋摹本；“岣嵝碑”是明代复刻宋摹本；“何氏定武本兰亭”是宋代复刻唐摹本；“丰坊神龙本兰亭”是明代复刻唐摹本；“缙云城隍庙碑”也是宋代复刻。若直接依据刻石年代为文物断代，则不少早期作品的年代要靠后。不少早期作品原石早已毁灭，但后世通过复刻传世的拓本和摹本，依旧能较好地还原原作。因此在本次展览中，我们以现存作品的原作书写年代作为断代依据，而不拘泥于作品的摹写和刻石年代。这也反映了碑刻可复制、可传拓的特殊性。

部分作品的旧拓本无存，仅记录下了文字内容，则会在后世重新书写上石。如唐代“阿育王寺常住田碑”，唐开元年间（713—741）万齐融撰，徐峤之书，原碑毁于中唐时期，现碑为唐大和七年（833）范的重书。著名的汉碑“曹娥碑”，东汉元嘉元年（151）会稽上虞令度尚为曹娥所立，邯郸淳作碑文。此碑早年散失，现碑为北宋元祐八年（1093）蔡卞书写。在本次展览中，都依据现碑的书写年代进行断代。

“岣嵝碑”是其中一个特殊案例，不仅因其是明代复刻本，其书写年代也充满争议。因此本次展览暂不确定其年代，放在秦汉部分的最后。

四、历史价值

浙江41件（组）名碑名刻，作者包括上自帝王将相、州县长官，下至隐士僧道，甚至平民百姓，记录了丰富的历史信息。

秦“会稽刻石”，宣扬了秦国兼并六国战争的正义性，是国家统一的象征，具有重要的历史价值。据《史记·秦始皇本纪》记载：“三十七年（前210）十月癸丑，始皇出游，左丞相斯从，右丞相去疾守。……过丹阳，至钱唐，临浙江，水波恶，乃西百二十里，从狭中渡。上会稽，祭大禹，望于南海，而立石刻颂秦德。”“会稽刻石”见证了史书中的重要场景，其历史意义和文化价值非同寻常。

刻于东汉建武二十八年（52）的“三老讳字忌日碑”，记载了东汉浙江的一位三老（掌教化的官员）家族的名讳和忌日，由其子孙所立，目的是让后代子孙在言语文字上知所避讳，并且记住祖先的德业，晓得祖先的忌日，便于后人祭祀。该碑体现了汉代对孝道的重视，是儒家孝道思想在政治和伦理整合下的具体表现，是研究东汉时期历史文化的重要资料。

城隍庙和城隍祭祀在中国传统文化中占据着重要的地位。唐乾元二年（759）“缙云县城隍庙碑”，为李阳冰担任缙云县令时，于本县城隍祈雨有应之后所立，碑文记载：“城隍神，祀典无之，吴越有之。风俗水旱疾疫，必祷焉。”为我们提供了关于城隍祭祀起源和发展的宝贵信息，反映了唐代浙江社会祭祀城隍神信仰的形成和流行。

唐代陆羽在《茶经》中提到，浙西茶以湖州为上，并在与朋友论茶时，常以湖州长兴顾渚山紫笋茶为第一。经陆羽的推荐，唐肃宗时期（756—762），紫笋茶被定为贡茶。大唐贡茶院位于浙江长兴顾渚山侧的虎头岩，始建于唐大历五年（770），是督造唐代贡茶紫笋茶的场所，也是我国有史可查的最早的皇家贡茶院。位于顾渚山最高堂的袁高、于頔、杜牧三方唐代题名，均有“奉诏修茶贡”“修贡”“奉贡”之语，见证了唐代历任湖州刺史在顾渚贡茶院修贡的历史。

唐代萧悦的题名石刻位于杭州飞来峰天竺寺后山。萧悦，兰陵人，善画竹，技艺举世无双。白居易在《画竹歌》中对萧悦的墨竹推崇备至：“植物之中竹难写，古今虽画无似者。萧郎笔下独逼真，丹青以来唯一人。”特别是“西丛七茎劲而健，省向天竺寺前石上见”一句，描述的正是题刻所在地。该题名应刻于长庆年间白居易杭州刺史任内（822—824），是与白居易相关的珍贵一手材料。

五代吴越国王钱元瓘墓星象图，现存石刻星数180颗，刻工精细，位置准确，是世界上现存最早的石刻星象图之一。它的出土和研究，为我们了解古代恒星知识和星区划分提供了极为宝贵的资料，是记录五代吴越国科技成就的重要见证物。

北宋熙宁六年（1073），经王安石推荐，沈括任两浙察访使，察访两浙水利、农田、差役等事务。如今浙江南部的缙云仙都、丽水南明山、青田石门洞、乐清雁荡山均有沈括及其同伴的题名。由此推断，沈括应是按缙云（仙都）、处州（南明山高阳洞）、青田（石门洞）、乐清（雁荡山）的顺序，经过处州后，再到达温州。这些散布于浙江各地的沈括题刻，还原了史料记载不详的沈括巡视行程。

北宋庄仲修等率军屯驻仙岩洞的题刻，以及淳安出土方腊起义刻石，记载了北宋镇压方腊起义的历史，其中关于起义的时间地点以及进军路线，与史志、宗谱等所记相吻合，内容可补史料之缺，为方腊起义的研究提供了最新的一手材料，具有珍贵的历史价值。

南宋六和塔中安置的“敕赐开化之寺碑”，完好保存了南宋尚书省牒、尚书省札付、临安府帖等南宋政府公文的原貌，记录了公文的文体、书风、押印等一手信息。

南宋太学石经，为宋高宗亲笔书写（传部分为皇后代写），规模宏大，是全国现存众多石经中唯一由皇帝御笔亲书的石经。南宋太学石经沿袭北宋石经，将《孟子》《论语》单独立石，又从《礼记》中选择《中庸》《大学》《学记》《儒行》《经解》五篇单独立石，反映了官方对当时尊崇“四书”的儒学思想潮流的尊重，体现了官方试图以政治权威导引当时的社会文化思想的目的。

南宋乾道三年（1167），范成大主持修订并刊刻的“重修通济堰规碑”，详细记载了宋代通济堰的管理制度，共有20条，2600多字，分堰首、田户、甲头、堰匠、堰工、堰夫、堰司等条款，对人员选拔、田户等级划分、用水管理、工程大修、工费摊派与开支、监督追责等内容都有详细的规定，是一部较为全面实用的管理规章，也是宋代水利法规中区域水利的专门法。

杭州西湖十景形成于南宋时期，反映了中国古代文化中的诗、画、景在审美和哲学层面上的有机融合，至清代确定为苏堤春晓、曲院风荷、平湖秋月、断桥残雪、花港观鱼、柳浪闻莺、三潭印月、双峰插云、雷峰夕照和南屏晚钟，并由康熙帝书写景名，乾隆帝题写诗文。“苏堤春晓”和“曲院风荷”碑是仅存的两块西湖十景御碑原刻，记录了康熙和乾隆两代皇帝巡游江南的历史，也是研究中国古代文化艺术与自然景观相结合的重要资料。

五、书法特色

浙江41件（组）名碑名刻，在书体方面，有篆书、隶书、楷书、行书、草书等，较为完整地呈现出了汉字字体发展之脉络，能够反映出秦代统一小篆、汉代隶书入碑、南朝铭石体楷书、唐代行书入碑和学颜风气、宋代尚意书风和刻帖活动、元代赵孟頫书风、清代碑学等各个时代的书风现象，是反映中国古代文字、书法发展历程、演变规律以及主要书体、书风、技法、流派的重要资料。

秦汉时期是书法发展的关键时期，汉字的变迁最为剧烈，大篆经过省改而创造了标准书体小篆，隶书简化成熟发展为汉代通行书体，对后世书法产生了极为深远的影响。秦“会稽刻石”的小篆、汉“三老讳字忌日碑”和汉“建初买地刻石”的隶书，即是其中的典型代表。

魏晋时期是中国书法史上的繁荣期，各种书法交相发展，楷书逐渐发展成熟，草书发展为今草，行书在楷隶的递变中由发展到成熟。卫恒曾在《四体书势》中说："至正始中，立《三字石经》，转失（邯郸）淳法，因科斗之名，遂效其形。"王羲之书写的《兰亭集序》被誉为天下第一行书，并被后世反复摹刻。

隋唐时期，中国书法发展成熟，隋代碑刻粗犷豪放并吸收南方的秀美之气，刚柔并济，影响深远。唐代以来，帝王重视书法，经世致用，倡导创新风气，南北各地书风会流，笔法发展臻于完备，讨论书法的理论著作在此时期百花齐放，如隋代僧人智永的"永字八法"，唐欧阳询的"八诀"和"三十六法"等，开创了唐楷的新面貌，达到了魏晋以来的又一高峰。"阿育王寺常住田碑""杭州龙兴寺经幢"等，即是唐楷的典型作品。

两宋时期，苏轼、黄庭坚、米芾等书法大家打破了唐书的藩篱，书法取向表现个人情性，得其天趣，实现了宋代书法的复兴。蔡卞书"曹娥碑"、陆游书"重修智者广福禅寺碑"，均是宋代尚意书风的代表。宋代帖学盛行，宋太宗赵光义即位后，留意翰墨，提倡文治，特遣使搜求历代帝王名臣墨迹，并摹刻于枣木板上，拓赐大臣。"兰亭刻石（何氏藏定武本）"即产生于这一时期。

元代提倡复古，以赵孟頫为代表，书法发展呈现一种全面回归的潮流，晋唐书法传统得以延续，形成典雅秀逸的书风。"祖考处士赵公圹志"可见赵孟頫发起的"复古书风"之影响。明人书法面貌纵横跳脱，文人多擅长行草书，行草书自由活泼，风格苍劲挺拔，运笔狂纵奔放。清代统治者都以擅长书法为风雅，学术风气务实，碑版与刻帖相互为用，在篆书、隶书两方面汲古创新。阮元石门洞诗刻可见清代中后期的碑学风气。

总　结

在杭州西湖边的万松书院，南巡的康熙帝曾题写"浙水敷文"四大字，立碑于此。万松书院因改名为"敷文书院"，成为清代浙江的最高学府。浙水敷文，寓意浙江水土与文脉相承的关系。"浙水敷文碑"也是浙江古代碑刻石刻承载浙江厚重历史文化的写照。

"浙自会稽刻石以来，丰碑巨碣，制作如林，然浸寻岁月，磨灭而仅存者，盖千百之什一尔。"这41方分布浙江各地的名碑名刻，正是浙江2200年刻石立碑历史的缩影，集中体现了浙江以及中华文明突出的连续性、创新性、统一性、包容性、和平性。

（感谢丁万里、张庆勋对本文撰写的大力帮助）

魏祝挺

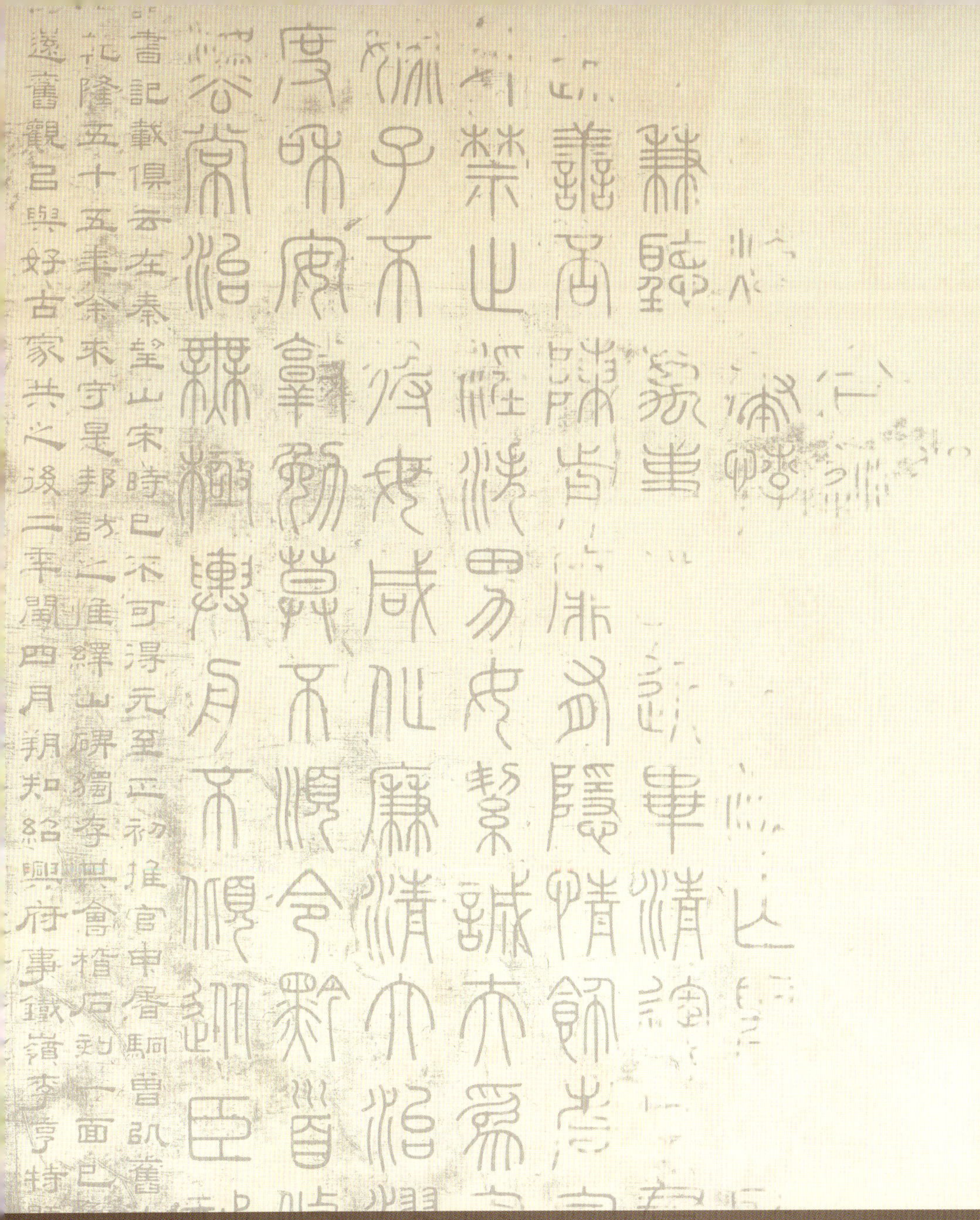

第一章

秦风汉韵

——秦汉浙江名碑名刻

公元前 221 年，秦统一中国。百越之地浙江，正式归入中原王朝版图，成为我国统一多民族中央集权国家的一部分。

秦代开后世碑刻之先，浙江现存最早的石刻，是秦始皇三十七年（前 210）南巡时的“会稽刻石”，距今 2200 多年。东汉时期的“禹陵窆石题记”“三老讳字忌日碑”和“建初买地刻石”，也均位于绍兴附近，体现了会稽在秦汉时期的重要地位。

秦、西汉时期，碑刻石刻在种类、内容、形式上有所丰富，但留存至今的文物较少。东汉时期，碑刻石刻大量出现，类型、形制逐渐清晰，主要有碑、碣、摩崖、石阙、石经，分布范围较广。

秦汉是书法发展的关键时期，汉字的变迁最为剧烈，大篆经过省改而创造了标准书体小篆，隶书简化成熟发展为汉代通行书体，对后世书法产生了极为深远的影响。

1. 秦会稽刻石（附：秦峄山刻石）

双面，纵 197 厘米，横 101 厘米

清拓本，浙江省博物馆藏

碑石现存大禹陵碑廊。

碑阳为秦《会稽刻石》，是秦始皇三十七年（前 210）南巡会稽时，传由丞相李斯所书。相传原石在秦望山，宋时已不存。元至正元年（1341），申屠駉以家藏旧拓本摹刻上石，立碑置于绍兴府学宫之稽古阁，至清初被石工磨去。清乾隆五十五年（1790），绍兴知府李亨特命钱泳、刘征依据元刻石之旧拓本，复刻于该碑之上，但撤去申屠駉旧跋，另撰新跋。正文以小篆书写，每句四字，三句一韵，共 288 字，叙述了秦国兼并六国战争的正义性，着重宣扬了秦国的法治，歌颂秦始皇的功绩，是国家统一的象征。后有清代李亨特题跋，翁方纲题识，阮元、陈焯题名。秦《会稽刻石》书体浑厚平稳，明晰端正，用笔细瘦圆转，结构对称均衡、疏密得当。

碑阴为秦《峄山刻石》，刻石原在山东邹城峄山，毁于北朝。宋淳化四年（993），郑文宝以其师徐铉摹本重刻于长安（今陕西西安），现存西安碑林，称“长安本”。元至正元年（1341），申屠駉在绍兴府学复刻《会稽刻石》的同时，将《峄山刻石》长安本复刻于碑阴。后有申屠駉题跋。碑文分为两部分，传均为李斯所书。前半部分刻 144 字，为秦始皇二十八年（前 219），秦始皇东巡登峄山，丞相李斯等颂秦德而刊刻，赞扬秦始皇的正义战争和统一的中央集权制封建国家的功绩。后半部分刻 79 字，记录了秦二世元年（前 209），李斯等人随同秦二世出巡时，上书请求在秦始皇所立刻石旁刻诏书，以彰显先帝功德。书法上，用笔单纯齐一，藏锋逆入，圆起圆收，转角处都呈弧形，无外拓之笔；结字对称均衡，又强调在对称中求变化；章法秩序井然，具有节奏感、韵律感。

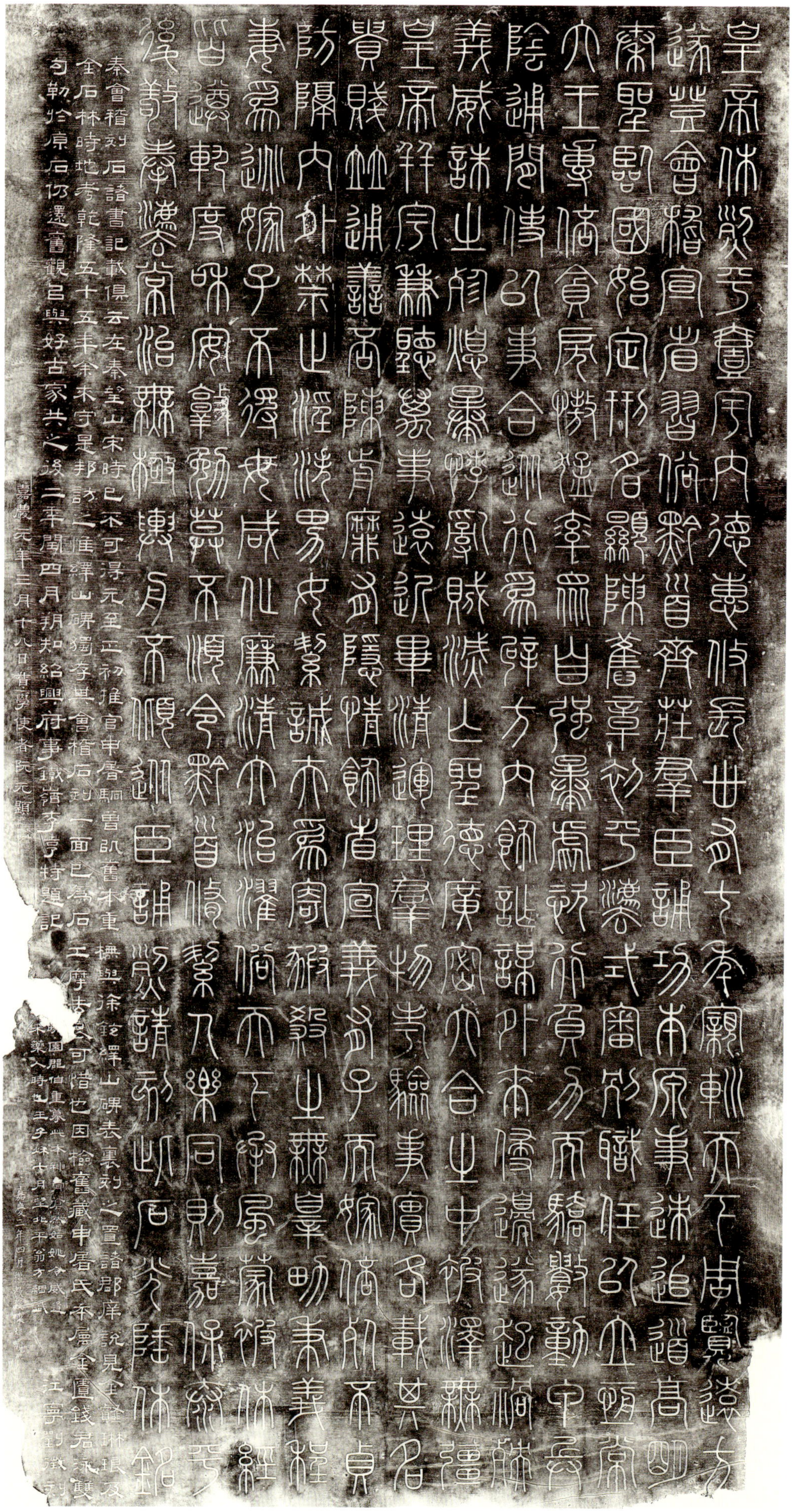
秦會稽刻石諸書記載俱云在秦望山宋時已不可得元至正初推官申屠駉以舊本重摹與徐鉉繹山碑表裏刻之置諸郡庠說見金薤琳琅及
金石林時地考乾隆五十五年余來守是邦訪之惟繹山碑獨存其會稽石刻一面已為石工磨去良可惜也因檢舊藏申屠氏本屬金匱錢君泳雙
勾勒於原石仍還舊觀以與好古家共之後二年閏四月朔知紹興府事鐵嶺李亨特題記
嘉慶元年三月廿八日督學使者阮元題
江寧劉徵刻

◎ 释文（碑阳）

皇帝休烈，平壹宇内，德惠攸长。卅有七年，亲巡天下，周览远方。/
遂登会稽，宣省习俗，黔首齐庄。群臣诵功，本原事迹，追道高明。/
秦圣临国，始定刑名，显陈旧章。初平法式，审别职任，以立恒常。/
六王专倍，贪戾傲猛，率众自强。暴虐恣行，负力而骄，数动甲兵。/
阴通间使，以事合从，行为辟方。内饰诈谋，外来侵边，遂起祸殃。/
义威诛之，殄熄暴悖，乱贼灭亡。圣德广密，六合之中，被泽无疆。/
皇帝并宇，兼听万事，远近毕清。运理群物，考验事实，各载其名。/
贵贱并通，善否陈前，靡有隐情。饰省宣义，有子而嫁，倍死不贞。/
防隔内外，禁止淫泆，男女洁诚。夫为寄豭，杀之无罪，男秉义程。/
妻为逃嫁，子不得母，咸化廉清。大治濯俗，天下承风，蒙被休经。/
皆遵轨度，和安敦勉，莫不顺令。黔首修洁，人乐同则，嘉保泰平。/
后敬奉法，常治无极，舆舟不倾。从臣诵烈，请刻此石，光陲休铭。/

秦《会稽刻石》，诸书记载俱云在秦望山，宋时已不可得。元至正初，推官申屠驷曾以旧本重模，与徐铉《绎山碑》表里刻之，置诸郡庠。说见《金薤琳琅》及/《金石林时地考》。乾隆五十五年，余来守是邦，访之，惟《绎山碑》独存，其《会稽刻石》一面已为石工磨去，良可惜也。因检旧藏申屠氏本，嘱金匮钱君泳双/勾勒于原石，仍还旧观，以与好古家共之。后二年闰四月朔知绍兴府事铁岭李亨特题记。江宁刘征刻。

晓园郡伯重摹此本，神骨苍然，如姚令威逢/采药人时也。壬子秋七月望北平翁方纲识。

嘉庆元年三月十八日督学使者阮元题。

嘉庆二年四月权教授陈焯观。

皇帝立國維初在昔嗣世稱王討伐亂逆威動四極武
義直方戎臣奉詔經時不久滅六暴強廿有六年上薦
高號孝道顯明既獻泰成乃降專惠親巡遠方登于繹
山群臣從者咸思攸長追念亂世分土建邦以開爭理
功戰日作流血於野自泰古始世無萬數陀及五帝莫
禁止乃今皇帝壹家天下兵不復起災害滅除黔首
康定利澤長久群臣誦略刻此樂石以著經紀皇帝曰
金石刻盡始皇帝所為也今襲號而金石刻辭不稱
始皇帝其於久遠也如後嗣為之者不稱成功盛德丞相
臣斯臣去疾御史大夫臣德昧死言臣請具刻詔書金石
刻因明白矣臣昧死請制曰可

◎ 释文（碑阴）

皇帝立国，维初在昔，嗣世称王。讨伐乱逆，威动四极，武/义直方。戎臣奉诏，经时不久，灭六暴强。廿有六年，上荐/高号，孝道显明。既献泰成，乃降专惠，亲輶远方。登于绎/山，群臣从者，咸思攸长。追念乱世，分土建邦，以开争理。/功战日作，流血于野，自泰古始。世无万数，阤及五帝，莫/能禁止。乃今皇帝，壹家天下，兵不复起。灾害灭除，黔首/康定，利泽长久。群臣诵略，刻此乐石，以著经纪。皇帝曰：/“金石刻尽始皇帝所为也。今袭号而金石刻辞不称始/皇帝。其于久远也，如后嗣为之者，不称成功盛德。”丞相/臣斯、臣去疾、御史夫臣德昧死言：“臣请具刻诏书金石/刻，因明白矣。臣昧死请。”制曰：“可。”

秦相李斯书《绎山碑》，迹妙时古，殊为世重。故散骑常侍徐公铉，酷耽玉箸，垂五十年，时无其比，晚节获《绎山碑》模本，师其笔力，自谓得思于天人之际。因是广求己之/旧迹，焚掷略尽。文宝受学徐门，粗坚企及之志。太平兴国五年春再举进士，东适齐鲁，客邹邑，登峄山，求访秦碑，邈然无睹。逮于旬浃，怊怅于榛芜之下，惜其神踪将/坠于世。今以徐所授模本，刊石于长安故都国子学，庶博雅君子见先儒之指归。淳化四年八月十五日，承奉郎守太常博士、陕府西诸州水陆计度转运副使、赐绯/鱼袋郑文宝记。至正元年岁在辛巳二月初五日，承德郎、绍兴路总管府推官、鲁人申屠驷以秦刻校徐模，重镌于越庠之稽古阁。

2. 汉禹陵窆石题记

纵 141 厘米，横 65.5 厘米

清拓本，浙江省博物馆藏

禹陵窆石为上尖下粗的圆形石柱，形如秤锤，高 285 厘米，底围 230 厘米，顶部有一圆形穿孔，孔径 9 厘米。相传为大禹葬会稽时所遗留的葬具。千百年来，无论是帝王官员，还是文人墨客，都以窆石为地标，来此凭吊大禹。清咸丰四年（1854）建八角亭保护此石。

窆石上的题记约始于东汉，位于窆石穿孔一面中部偏下，刻有多行篆书，字句残缺，内容不明。另有宋至民国各家题记约 20 处，包括南宋会稽令赵与陛题名，元皇庆元年（1312）员峤真逸题名，元龙朝夫题诗，清乾隆五十八年（1793）钱泳等题名，清嘉庆元年（1796）阮元题名，清道光二十九年（1849）徐荣题名，清道光三十年（1850）顾沅题名，清光绪十二年（1886）瞿鸿禨题名，民国二十年（1931）徐生翁题名等。

◎ 释文

□□日年□□□□□王石

□□□乾象并□天文晦于

□□□□言真□□黄□□

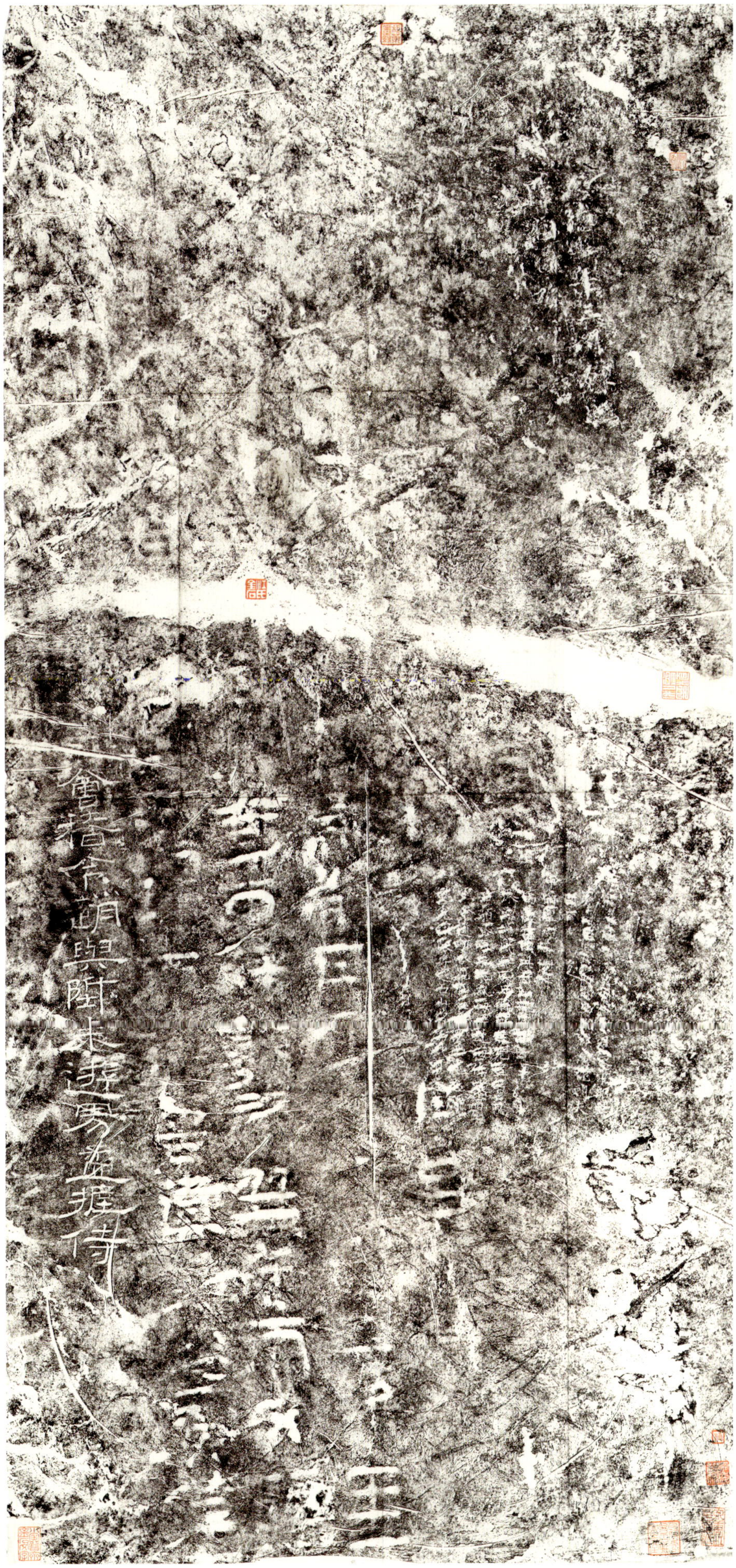

3. 汉三老讳字忌日碑

纵 104 厘米，横 53 厘米

清拓本，浙江省博物馆藏

该碑约刻于东汉建武二十八年（52），是浙江现存最古之碑刻。清咸丰二年（1852）出土于余姚客星山，发现时碑额已断缺，碑高 93 厘米，宽 42 厘米，共存 217 字。1921 年秋，碑转徙至上海，日人欲以重金购之，事为浙人姚煜、沈宝昌获悉，即与吴昌硕、丁仁等西泠印社同仁，募集巨款八千银圆购得，运回杭州孤山，筑石室保存。

“三老”是汉代掌教化的官职，三老碑是三老第七孙名邯者所立，目的是让后代子孙在言语文字上知所避讳，并且记住祖先的德业，晓得祖先的忌日，便于后人祭祀，故称“三老讳字忌日碑”。该碑不仅有重要的历史价值，对于古代书法篆刻的研究亦有很高的学术价值。书体介于篆隶之间，浑古道厚，书体浑穆，如锥画沙。

◎ 释文

（第一层）

三老讳通，字小父，/ 庚午忌日。/ 祖母失讳，字宗君，/ 癸未忌日。

（第二层）

掾讳忽，字子仪，/ 建武十七年岁在辛 / 丑四月五日辛卯忌日。/ 母讳捐，字谒君，/ 建武廿八年岁在壬 / 子五月十日甲戌忌日。

（第三层）

伯子玄曰大孙，/ 次子但曰仲城，/ 次子纡曰子渊，/ 次子提馀曰伯老，/ 次子持侯曰仲雍，/ 次子盈曰少河。

（第四层）

次子邯曰子南，/ 次子土曰元土，/ 次子富曰少元，/ 子女曰元名，/ 次女反曰君明。

三老德业赫烈，克命先己，汁稽履仁，难名兮，而右九孙，日月亏代，犹元风力射。/ 邯及所识祖讳，钦显后嗣，盖《春秋》义，言不及尊，翼上也。念高祖至九子未远，所讳 / 不列，言事触忌，贵所出严及焉，敬晓末孙，冀副祖德焉。

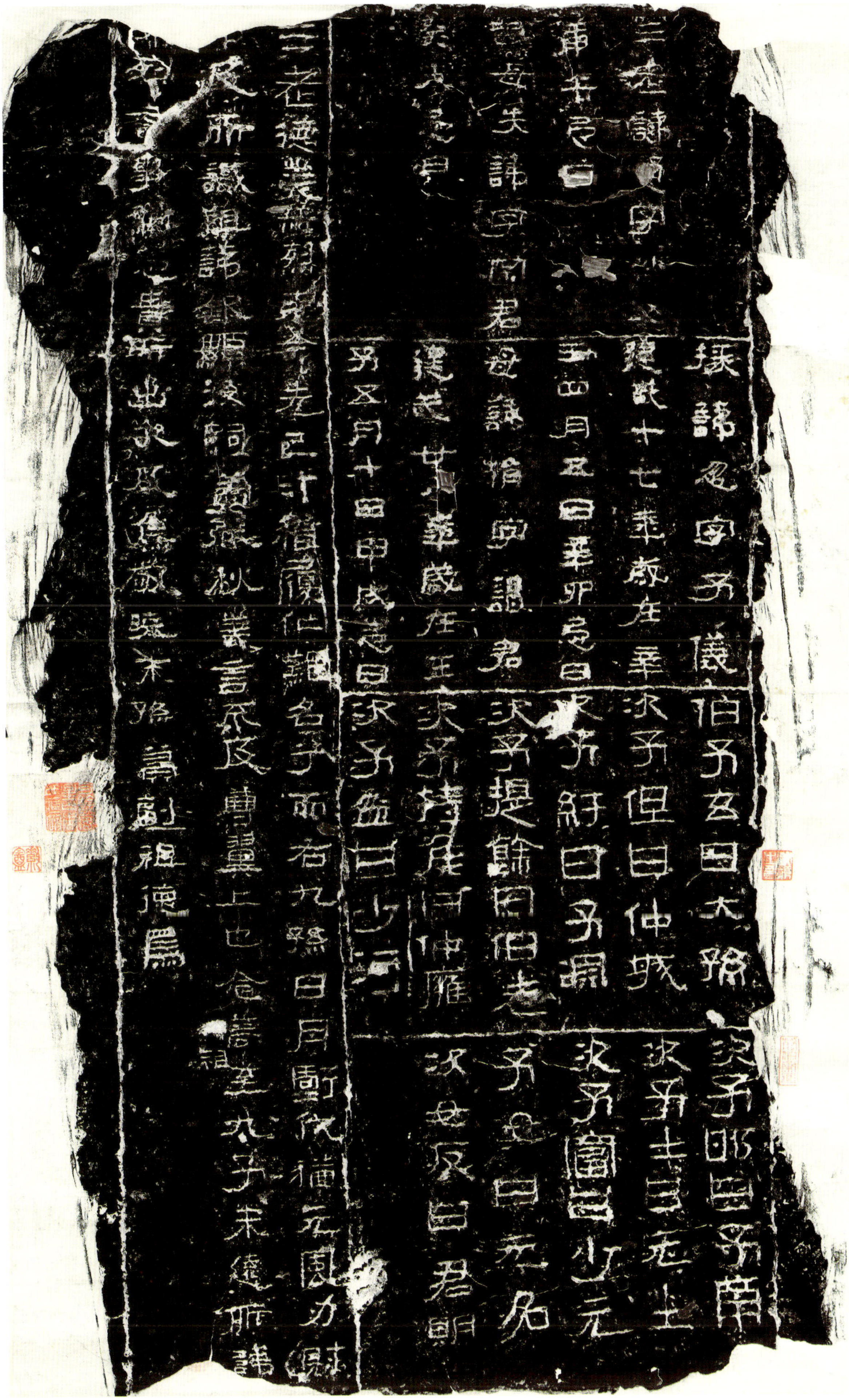
三老諱通字小父
庚午忌日
祖母失諱字宗君
癸未忌日
掾諱忽字子儀
建武十七年歲在辛丑
四月五日辛卯忌日
母諱捐字謁君
建武廿八年歲在壬子
五月十日甲戌忌日
伯子玄曰大孫
次子但曰仲城
次子紆曰子淵
次子提餘曰伯老
次子持侯曰仲雍
次子盈曰少河
次子邯曰子南
次子士曰元士
次子富曰少元
子女曰無名
次女反曰君明
三老德業赫烈克命先己汁稽履化難名兮而右九孫日月虧代猶元風力射
邯及所識祖諱欽顯後嗣蓋春秋義言不及尊翼上也念高祖至九子未遠所諱
不列言事觸忌貴所出嚴及焦敬曉末孫冒副祖德焉

4. 汉建初元年买地刻石

纵 136 厘米，横 120 厘米

民国拓本，浙江省博物馆藏

该石刻刻于汉建初元年（76），为浙江现存最早的摩崖石刻，也是浙江现存最早的地券实物，位于绍兴富盛镇乌石村跳山东坡。全文共 22 个隶书大字，分上下两部分，字径约 20 厘米。

该摩崖刻石已有 1900 多年的历史，所体现的半篆半隶、篆隶合一的书法特征，真切地体现出我国书法演变史上承前启后的时代特色，是秦篆汉隶演变史上的一块活化石。

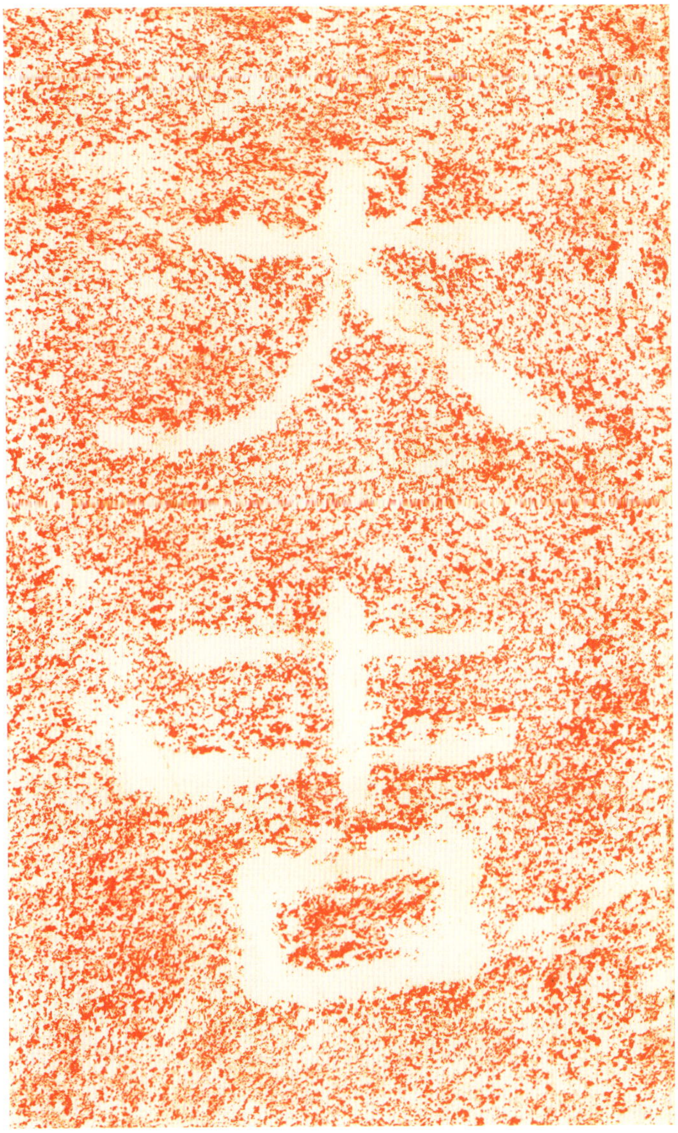

◎ 释文

大吉。/
昆弟六人，/
共买山地。/
建初元年，/
造此冢地，/
直三万钱。

5. 岣嵝碑

纵 260 厘米，横 130 厘米

清拓本，浙江省博物馆藏

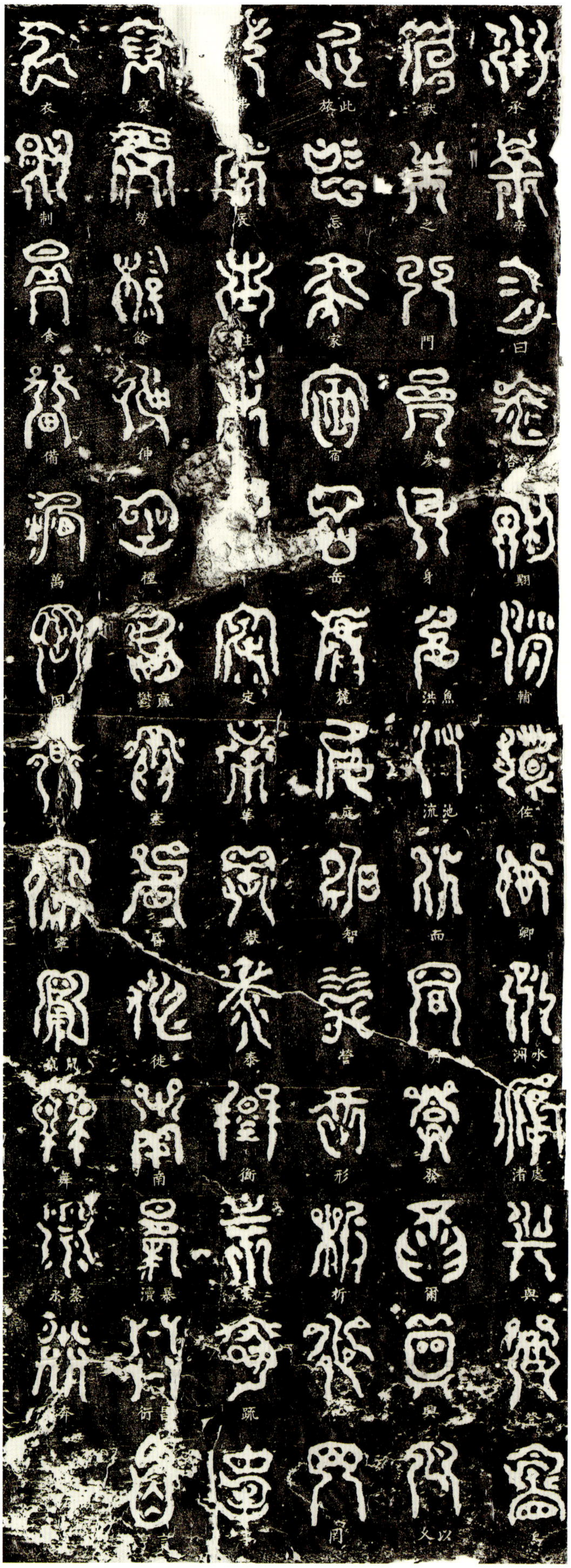

“岣嵝碑”位于绍兴禹庙岣嵝碑亭内。碑文原刻于南岳衡山云密峰（又名岣嵝峰）崖壁之上，故名。原石久已失传。该碑是讲述大禹功绩的珍贵遗物，故亦被称为“禹碑”“禹王碑”“大禹功德碑”。南宋嘉定五年（1212），文士何致以模本复刻于长沙岳麓山云麓峰。明嘉靖二十年（1541），绍兴知府张明道据金陵新泉书屋本翻刻于大禹陵。此外，陕西西安、湖北武汉、江苏南京、河南禹州、云南大理、四川北川等地均有翻刻。

碑文共 77 字，字形如蝌蚪，字似缪篆，又似符箓。由于文字奇特，历代对其内容看法不一，有认为是记录大禹治水的内容，也有认为是宋代伪托之作。该碑小字注释采用明代大学者杨慎的释文。

◎ 释文

承帝日咨，翼辅佐卿。洲（水）渚（处）与登，鸟/兽之门。参身洪（鱼）流（池），而明发尔兴。久（以）/旅（此）忘家，宿岳麓庭。智营形析，心罔/弗辰。往求平定，华岳泰衡。宗疏事/裒，劳余伸禋。郁（赢）塞昏徙，南渎（暴）愆（昌）亨（言）。/衣制食备，万国其宁，窜（鼠）舞永（蒸）奔。

大侍御对川公按节越中，以大禹圣德神功，昭在万世，而历代精禋崇报，矧越衣冠图书所瘗，庙貌弗葺，宁非省方守土者之责？当命走群工而图新焉。卜庚子九月肇事，至辛丑秋冬/之交告成，缬殿丹垣，左右廊序，晻映于崇山峻岭，古木苍松之表，岿然伟观，以答在天之灵，□□群情，河洛无穷之思。无锡安如山以司徒郎调越司农，浦江周凤岐以节推实董其事。/明道乃守是邦，互考外志。禹初被命治水，刑白马，祷于衡山，精通而神应，偶梦与苍水使者，□□□简金泥，悟疏导条浚之方。九年于外，众流底定，用锡元圭，以有中夏。立石纪功于衡/山岣嵝之巅，以酬神贶。唐韩子有青字赤石之韵，亦徒托之想慕。宋朱张大儒，每恣讨求。六一□□、渔仲金石集，俱以不得为恨。近衡山土裂而古碑出焉，考之字画，奇崛万状，又非先/农垂露、鲁壁科斗、峭函玉箸诸篇可及，信非隆古之作不能也。前修撰西蜀杨公慎，精绎其义，大□海南湛公若水复备其说，勒石新泉书屋。如山暨同知金淳、通判叶金、知县许东望/畴曰：禹之迹，莫显于越，龙门以往次之，纪对川公戎功，而临以古碑镇焉，当与庙穴相辉，永示无极。载稽宋孝宗庚子岁大水，庙圮重建，辛丑鼎成，今废兴时序，适与之符，果气数特启/我公，而神禹在天亦有所待耶？事亦伟矣，宜并勒之。楚人张明道谨跋。对川姓王氏，名绅，字□锡，己丑进士，古沧州人。/嘉靖二十年辛丑十二月朔立石。

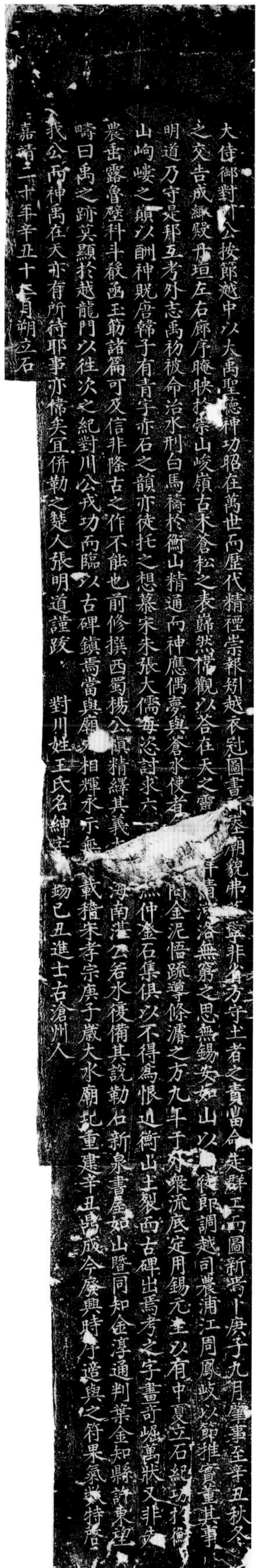

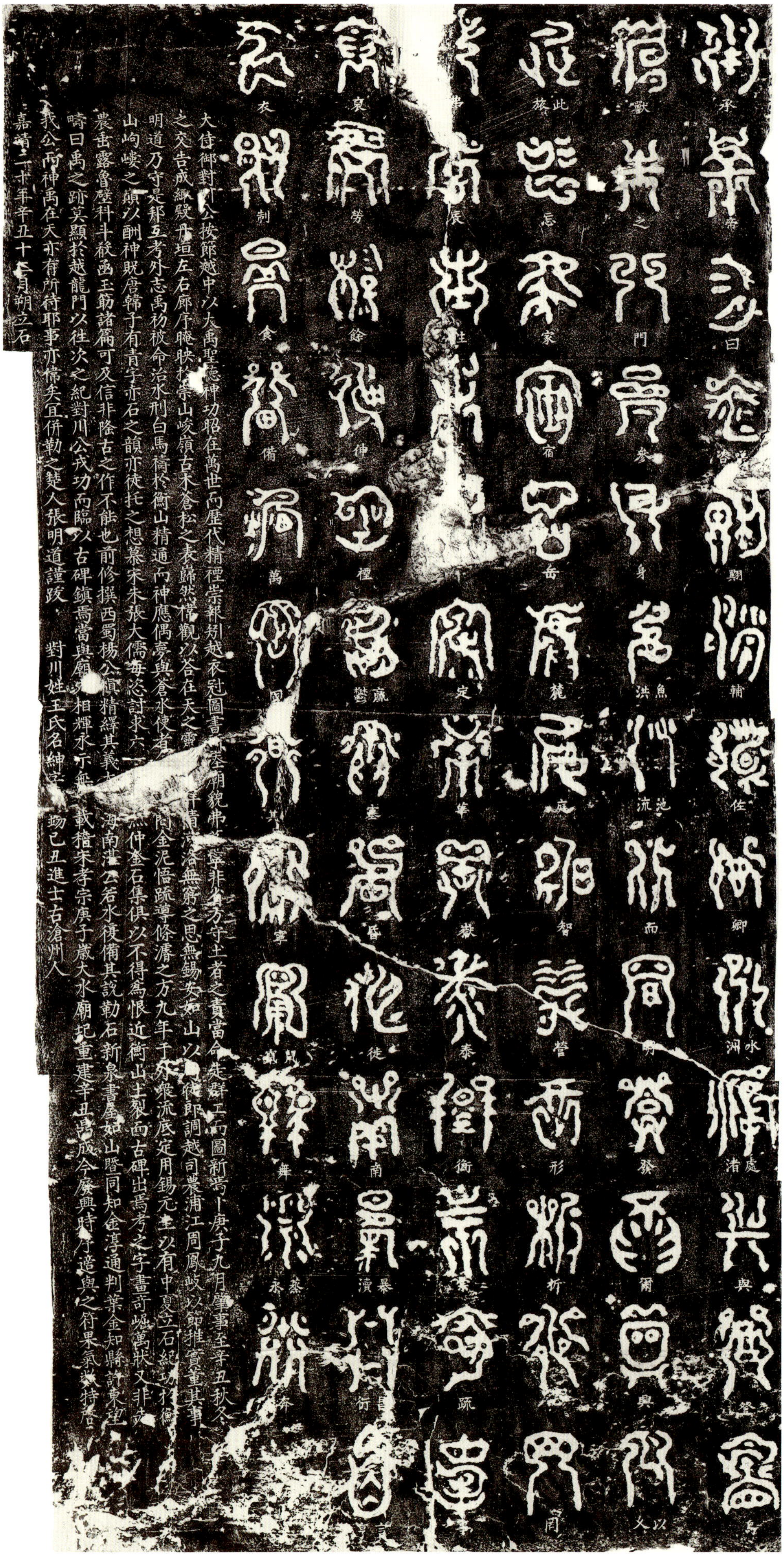
大侍御對公按節越中以大禹聖德神功昭在萬世而歷代精禋崇報剏越衣冠圖書方守土者之責當合而圖新焉庚子九月肇事至辛丑秋冬
之交告成繚殿丹垣左右廊序暎映於崇山峻嶺古木蒼松之表巋然觀以答在天之靈洛無窮之思無錫安如山以郎調越司農浦江周鳳岐以節推實董其事
明道乃守是郡五考外志禹初被命治水刑白馬禱於衡山精通而神應偶夢與蒼水使者問金泥悟疏導條濬之方九年乎外衆流底定用錫元圭以有中夏立石紀功於衡
山岣嶁之顛以酬神貺唐韓子有青字赤石之韻亦徒托之想慕宋朱張大儒每恣討求六一然仲金石集俱以不得爲恨近衡山土裂而古碑出焉考之字畫奇崛萬狀又非
農哉露鶩壁科斗殺函玉筋諸篇可及信非隆古之作不能也前修撰西蜀楊公慎精繹其義海南湛公若水復備其說勒石新泉書屋如山暨同知金淳通判葉金知縣許東望
疇曰禹之跡莫顯於越龍門以往次之紀對川公成功而臨以古碑鎮焉當與廟相輝永示無載稽宋孝宗庚子歲大水廟圮重建辛丑歲成今廢興時序適與之符果氣數特啓
我公而神禹在天亦有所待耶事亦偉矣宜併勒之楚人張明道謹跋
對川姓王氏名紳字拗己丑進士古滄州人
嘉靖二十年辛丑十二月朔立石

第二章

魏晋风度

——六朝浙江名碑名刻

东汉末年以来的中原战乱，导致北方士族不断南迁，东吴、东晋、宋、齐、梁、陈等王朝先后定都建康（今南京），并加大了对浙江的开发力度，浙江地区的经济、文化得到进一步发展。300 多年的时光里，虽然政局动荡，政权频繁更迭，但思想极为活跃，文学、书法、绘画、雕塑名家辈出，奠定了六朝文化继汉开唐的重要历史地位。

魏晋南北朝时期，刻经类碑刻石刻大量出现，新出现墓志等类型，分布范围更加广泛。

魏晋时期是中国书法史上的繁荣期，各种书法交相发展，楷书逐渐发展成熟，草书发展为今草，行书在楷隶的递变中由发展到成熟。曹魏在继承汉代古文时已有改变，卫恒曾在《四体书势》中说：“至正始中，立《三字石经》，转失（邯郸）淳法，因科斗之名，遂效其形。”王羲之书写的《兰亭集序》被誉为天下第一行书，并被后世反复摹刻。

6. 东晋咸康四年朱曼妻薛氏买地券

纵 56 厘米，横 32 厘米

当代拓本，浙江省博物馆藏

该石刻于 19 世纪末在温州平阳宜山乡鲸头村出土。1956 年，温州市文物管理委员会组织购回，现收藏于温州市博物馆，一级文物。镇墓券，石质粗劣，截为两段。原石高 30 厘米，宽 17.2 厘米。刻文分为 8 行，有格线布局。

根据刻文可知，此券刻于东晋咸康四年（338），墓主是晋陵郡丹徒县（今属江苏镇江）人朱曼的妻子薛氏。朱曼曾为孙吴舍人，先亡。其妻避居平阳。在墓中置买地券是古代的风俗。魏晋以来因禁碑严厉，故至今书法传世品较少。该石刻是迄今为止发现的唯一一件东晋篆书实物，篆中带隶意，字体方折，笔画或单刀刻成，对研究文字和书法演变史具有重要价值。

◎ 释文

晋咸康四年二月壬子朔四日乙卯，/吴故舍人立节都尉晋陵丹徒朱曼/故妻薛，从天买地，从地买宅。东极甲/乙，南极丙丁，西极庚辛，北极壬癸，中/极戊己，上极天，下极泉，直钱二百万，/即日交毕。有志薛地，当诣天帝；有志/薛宅，当诣土伯。任知者：东王公、西王/圣母。如天帝律令[1]。

① 买地券释文末有一似“同”字右半边的符号，学者认为此系古代合同、契约类文书中的画押，买卖双方的文书中各押一半，以为凭证。

7. 兰亭刻石（何氏藏定武本）

纵 32 厘米，横 73 厘米

当代拓本，浙江省博物馆藏

东晋永和九年（353）三月初三，时任会稽内史的王羲之邀请名士 41 人于兰亭举行风雅集会，曲水流觞，饮酒赋诗。王羲之将众人所作诗文汇编成集，并作序，是为《兰亭集序》。《兰亭集序》不仅文采灿烂，书法更是气势飘逸，被后世誉为“天下第一行书”。真迹下落不明。现存的《兰亭序》主要分为两大类，一为唐人模本，一为石刻本[①]。其中，以欧阳询临摹本刻石，因北宋时发现于定武军（今河北定州），称为“定武本”。

此石刻双面，长方形，已裂为三块，缺一角。明代宣德年间（1426—1435），何世英重新发现于扬州石塔寺古井之中。后碑石裂成三块，由东阳何氏分藏。20 世纪 50 年代，何氏子孙将此石碑捐献给国家，现由浙江省博物馆收藏。

此刻石笔画挺秀劲遒，结体险绝严谨，气势高雅雄浑，其笔法、神韵接近王羲之原作，堪称精品。

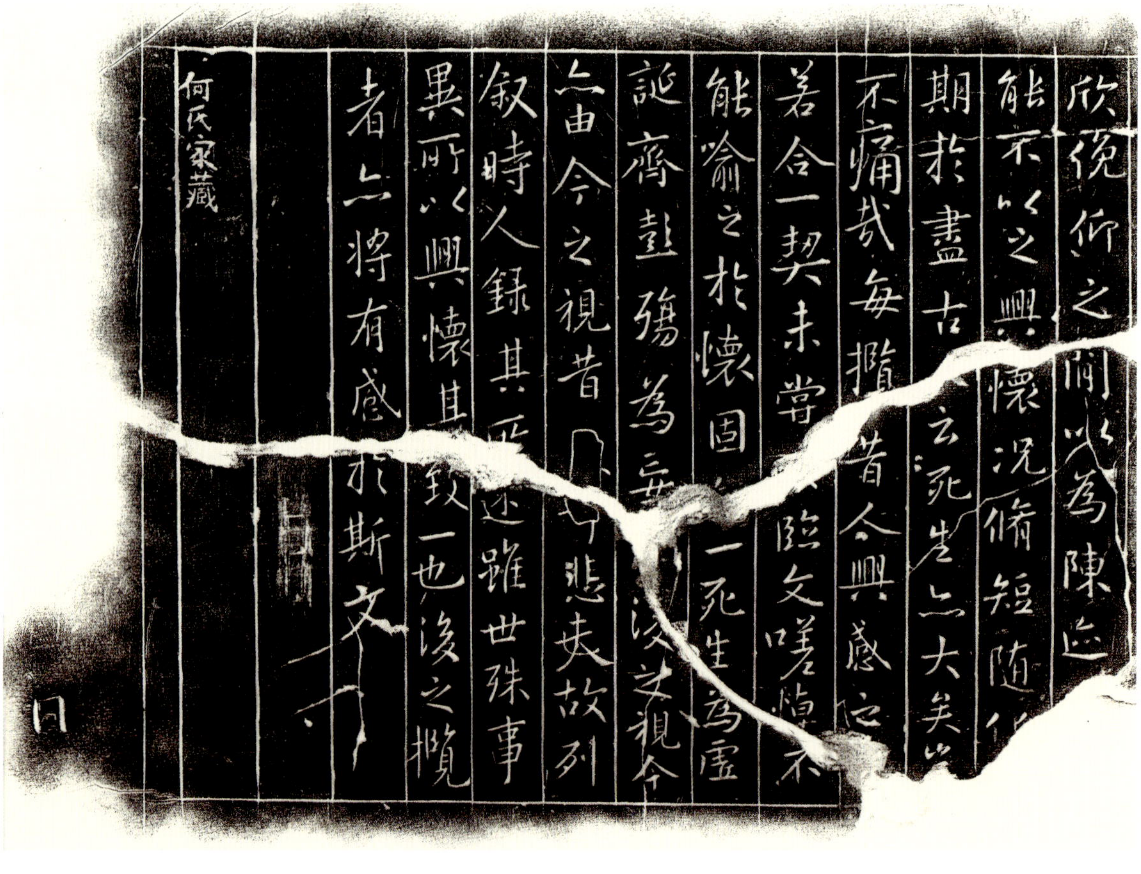

① 杭州孔庙碑林收藏有《兰亭序》帖石多种，其中以清刻游相兰亭向氏刻高庙本、九江本等为代表。

◎ 释文

永和九年，岁在癸丑，暮春之初，会 / 于会稽山阴之兰亭，修禊事 / 也。群贤毕至，少长咸集。此地 / 有崇山峻岭，茂林修竹；又有清流激 / 湍，映带左右，引以为流觞曲水， / 列坐其次。虽无丝竹管弦之 / 盛，一觞一咏，亦足以畅叙幽情。 / 是日也，天朗气清，惠风和畅，仰 / 观宇宙之大，俯察品类之盛， / 所以游目骋怀，足以极视听之 / 娱，信可乐也。夫人之相与，俯仰 / 一世，或取诸怀抱，悟言一室之内； / 或因寄所托，放浪形骸之外。虽 / 趣舍万殊，静躁不同，当其欣 / 于所遇，暂得于己，快然自足，不 / 知老之将至。及其所之既倦，情 / 随事迁，感慨系之矣。向之所 / 欣，俯仰之间，以为陈迹，犹不 / 能不以之兴怀。况修短随化，终 / 期于尽。古人云：“死生亦大矣。”岂 / 不痛哉！每览昔人兴感之由， / 若合一契，未尝不临文嗟悼，不 / 能喻之于怀。固知一死生为虚 / 诞，齐彭殇为妄作。后之视今，/ 亦由今之视昔。悲夫！故列 / 叙时人，录其所述，虽世殊事 / 异，所以兴怀，其致一也。后之览 / 者，亦将有感于斯文。

何氏家藏。

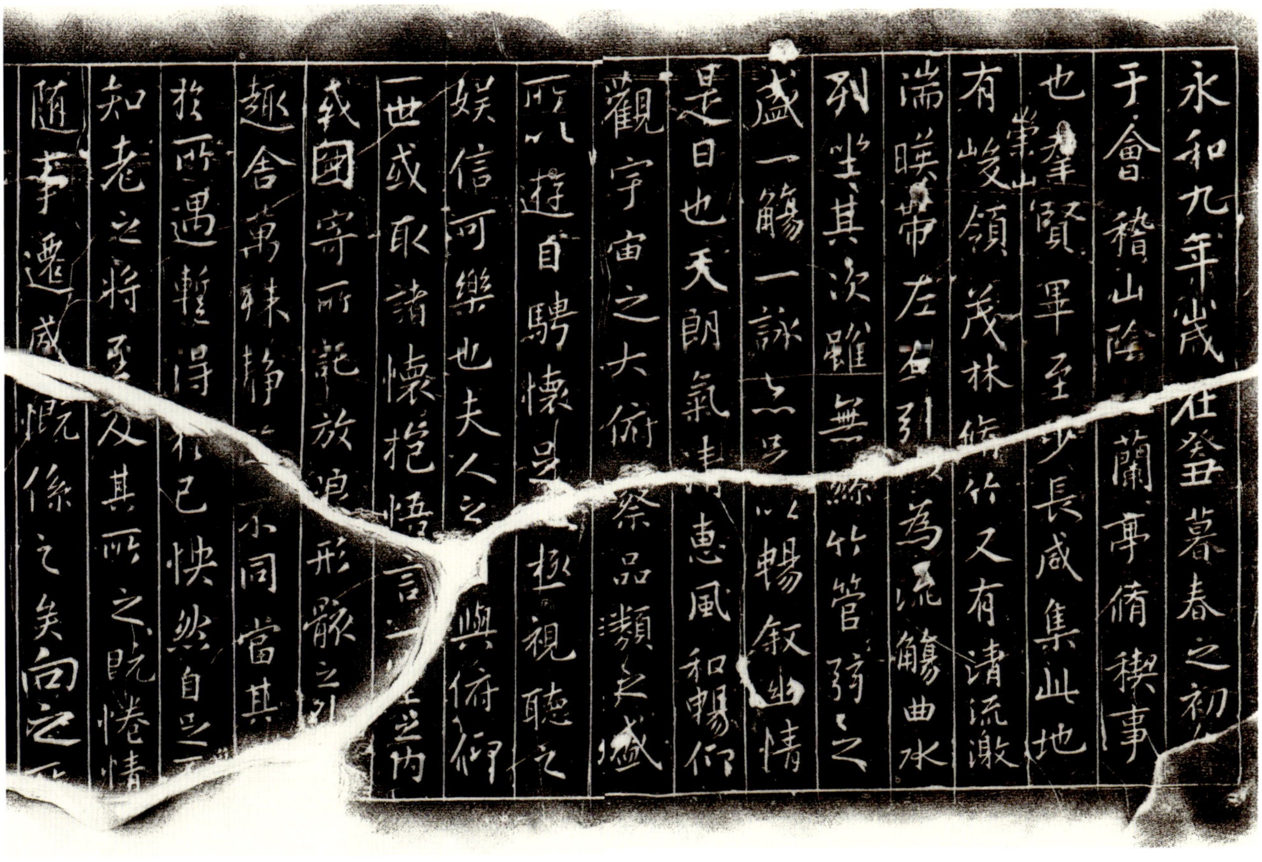

8. 兰亭刻石（丰坊摹刻神龙本）

纵 31.5 厘米，横 101.5 厘米

清拓本，天一阁博物院藏

长期以来，一直将唐代冯承素所模的《兰亭序》视为最佳模本，称之为“神龙本”。其用笔俯仰反复，笔锋尖端锐利，时出贼毫、叉笔，既存照原迹勾模的痕迹，又有自由临写的特点，自然生动，有一定的“存真”优点。明嘉靖初年，宁波书法家丰坊以冯承素模《兰亭序》为底本上石，完成了今天所见的这块《兰亭序》刻石，用以保存和传播。丰坊晚年将《兰亭序》刻石转让给宁波著名藏书家范钦。此后，这块《兰亭序》碑石就一直珍藏于天一阁。

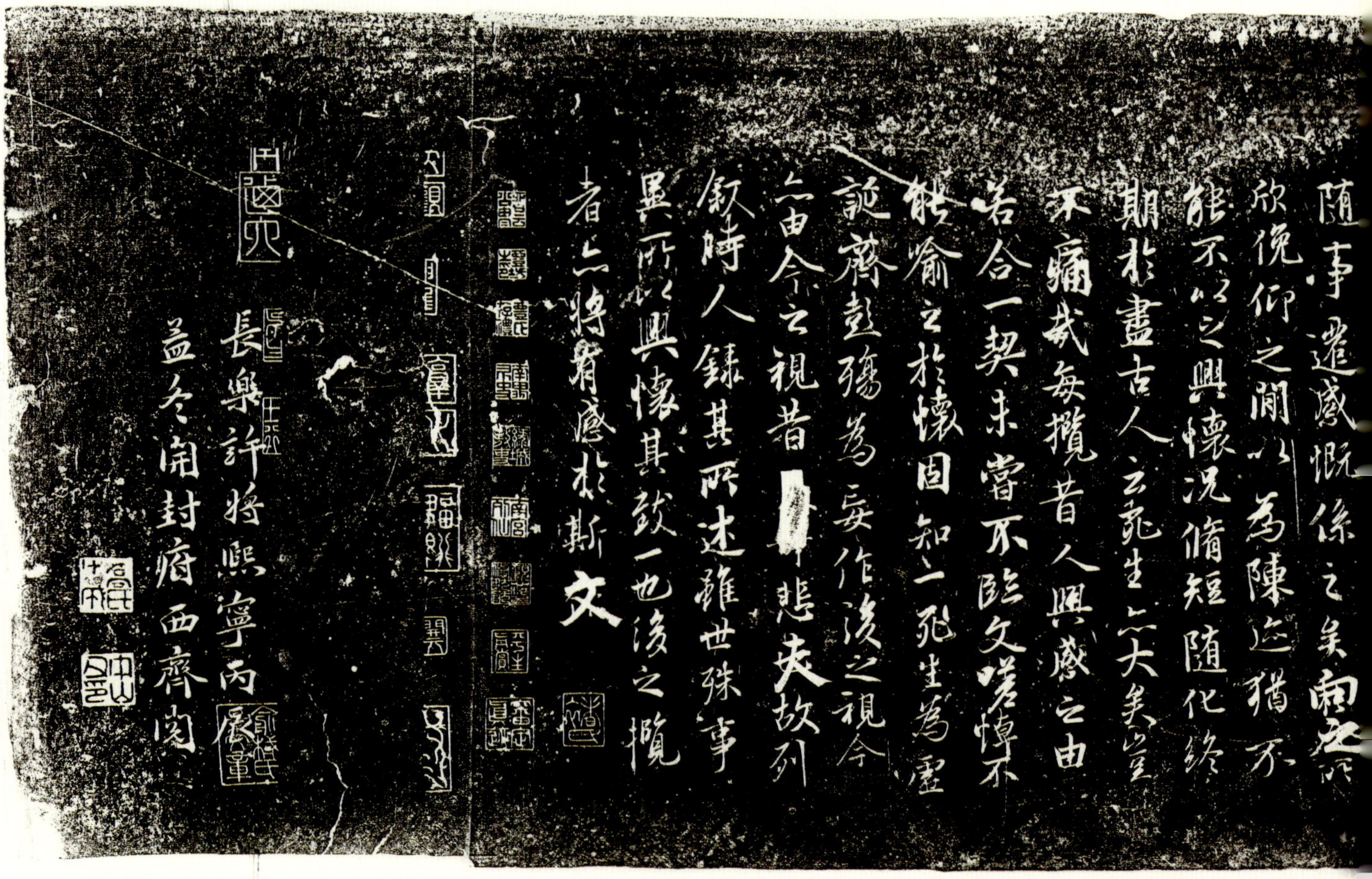

◎ 释文

永和九年，岁在癸丑，暮春之初，会/于会稽山阴之兰亭，修禊事/也。群贤毕至，少长咸集。此地/有崇山峻岭，茂林修竹；又有清流激/湍，映带左右，引以为流觞曲水，/列坐其次。虽无丝竹管弦之/盛，一觞一咏，亦足以畅叙幽情。/是日也，天朗气清，惠风和畅，仰/观宇宙之大，俯察品类之盛，/所以游目骋怀，足以极视听之/娱，信可乐也。夫人之相与，俯仰/一世，或取诸怀抱，悟言一室之内；/或因寄所托，放浪形骸之外。虽/趣舍万殊，静躁不同，当其欣/于所遇，暂得于己，快然自足，不/知老之将至。及其所之既倦，情/随事迁，感慨系之矣。向之所/欣，俯仰之间，以为陈迹，犹不/能不以之兴怀。况修短随化，终/期于尽。古人云："死生亦大矣。"岂/不痛哉！每览昔人兴感之由，/若合一契，未尝不临文嗟悼，不/能喻之于怀。固知一死生为虚/诞，齐彭殇为妄作。后之视今，/亦由今之视昔。悲夫！故列/叙时人，录其所述，虽世殊事/异，所以兴怀，其致一也。后之览/者，亦将有感于斯文。

长乐许将熙宁丙辰/孟冬开封府西斋阅。

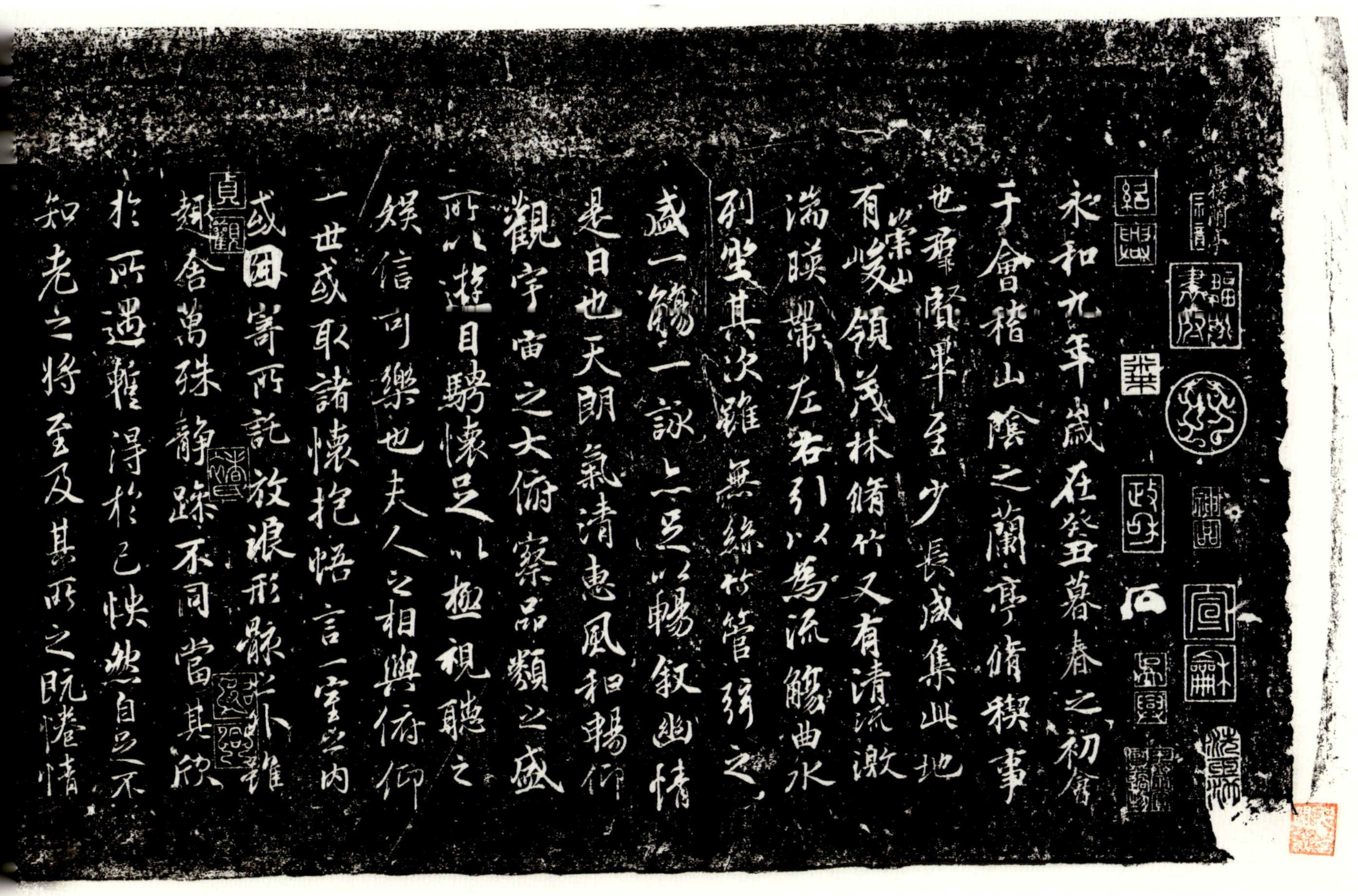

9. 东晋葛洪南明山“灵崇”题刻

纵 173 厘米，横 83 厘米

民国拓本，浙江省博物馆藏

南明山位于处州（今丽水）古城南，隔瓯江相望，风景绝佳。南明山云阁崖间有“灵崇”二字榜书，隶书遒劲，笔法古朴浑厚，相传为东晋书法家、道学家、医学家葛洪所书。这也是丽水地区现存最早的摩崖石刻。

据《括苍金石志》载，除“灵崇”下方的六句五言诗之外，其左侧原有“堙华终梗概，葺投久尘点。宿禾清净像，梦寐获金事。拔诸琳琅馆，起敬未省心。穹壤均长年，勿猥文字见。葛仙翁真迹宋绍圣丁丑蜀人刘泾书赞”等文字，已被民国李钟岳题跋覆盖。

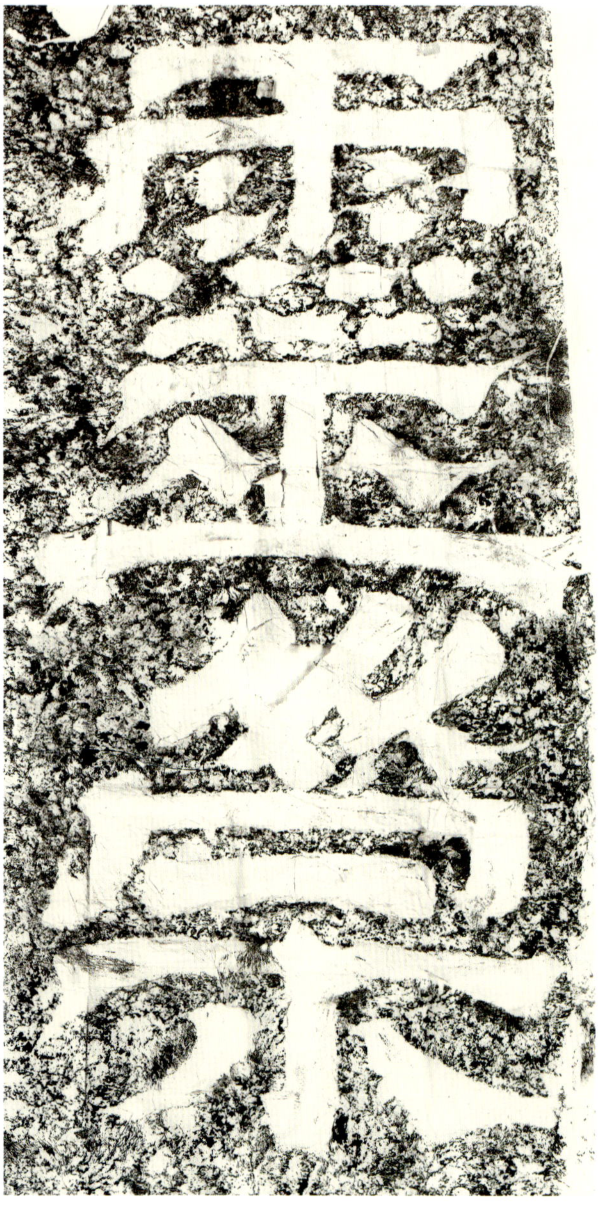

◎ 释文

灵崇

何此副墨为，/

而沉寓心书。/

灵崇故挥扫，/

缥缈神飞惊。/

老木同消磨，/

藻栻回天光。/

丽水南明山云阁崖间题有“灵崇”二字，为葛仙翁真迹。风霜剥蚀，已/成没字之碑。爰考《括苍金石志》，敬为摹刻，期以永存云尔。

中华民国十四年乙丑孟冬月知丽水县事桐城李钟岳敬镌。

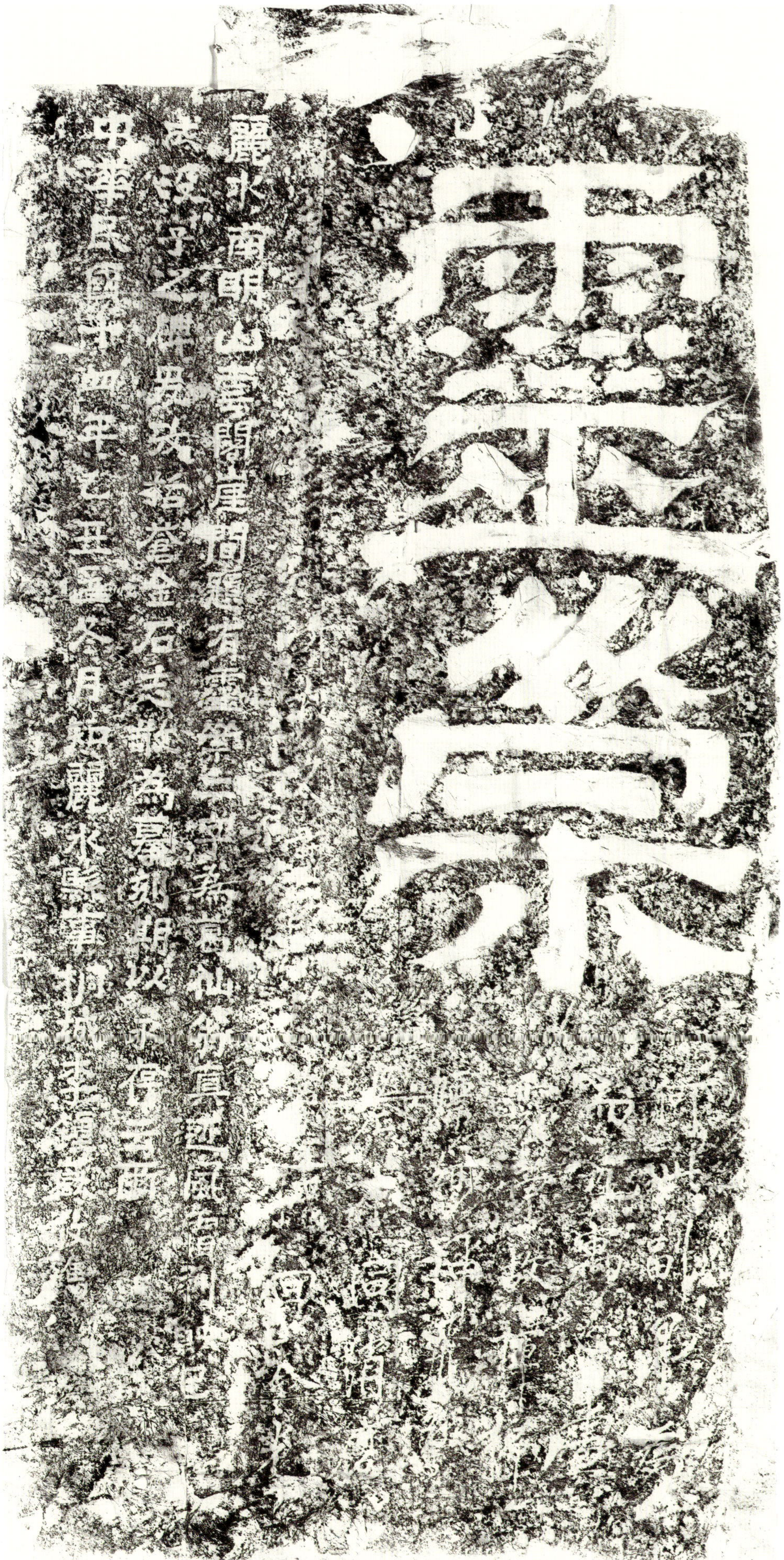
靈泉
麗水南明山靈閟崖間題有靈泉二字為葛仙翁真迹

10. 谢灵运石门洞诗刻

纵 78 厘米，横 68 厘米

当代拓本，丽水越风堂藏

青田石门洞共有摩崖石刻 105 处，其中摩崖题刻 80 处，碑刻 25 通。该题刻为南朝谢灵运《石门新营所住四面高山回溪石濑修竹茂林》与《登石门最高顶》两诗，所写应该是谢灵运所居的始宁墅之石门（今浙江嵊州西北），而非青田石门洞。《石门新营所住四面高山回溪石濑修竹茂林》上覆盖有北宋皇祐三年（1051）苗振题名“尚书郎苗振、阁门祇候常鼎同游。辛卯孟冬初五日”。《登石门最高顶》上覆盖有北宋皇祐五年（1053）王起题名。从叠刻关系来看，谢灵运诗刻为宋代以前所刻。

◎ 释文

石门新营所住四面高山回溪石濑修竹茂林□ /

□五言　宋永嘉郡太守谢灵运 /

跻险筑幽居，披云卧石门。苔滑谁能步，/

葛弱岂可扪。袅袅秋风过，萋萋春草繁。/

美人游不还，佳期何由敦。芳尘凝瑶席，/

清醑满金樽。洞庭空波澜，桂枝徒攀翻。/

结念属霄汉，孤景莫与谖。俯濯石下 / 潭，

仰看条上猿。早闻夕飙急，晚见朝日 / 暾。

崖倾光难留，林深响易奔。感往虑有 / 复，

理来情无存。庶持乘日用，得以慰营魂。/

匪为众人说，冀与智者论。

◎ 释文

石门最高顶一首／晨策寻绝壁，夕息在山栖。疏峰枕／高馆，对岭临回溪。长林罗户穴，积石／拥基阶。连岩觉路塞，密竹使径迷。／来人忘新术，去子惑故蹊。活活夕流／驶，噭噭夜猿啼。沉冥岂别理，守道／自不携。心契九秋干，目玩三春荑。居／常以待终，处顺故安排。惜无同怀／客，共登青云梯。

11. 南齐永明十一年吕超静墓志

纵 55 厘米，横 63 厘米

当代拓本，浙江博物馆藏

南齐永明十一年（493）刻，1916 年 11 月在浙江绍兴嵊阳之谢坞出土时即断裂为三，残泐过半。1951 年浙江省文物管理委员会购得，现藏于浙江省博物馆。文字可辨者 15 行，行 19 字，楷书。书法结构严谨，笔法刚健，带有典型的魏碑书风。南朝碑刻传世很少，该墓志出土后即引起社会广泛重视，鲁迅曾数度购买拓本，并亲自考释，作《新出土吕超静墓志考证》。

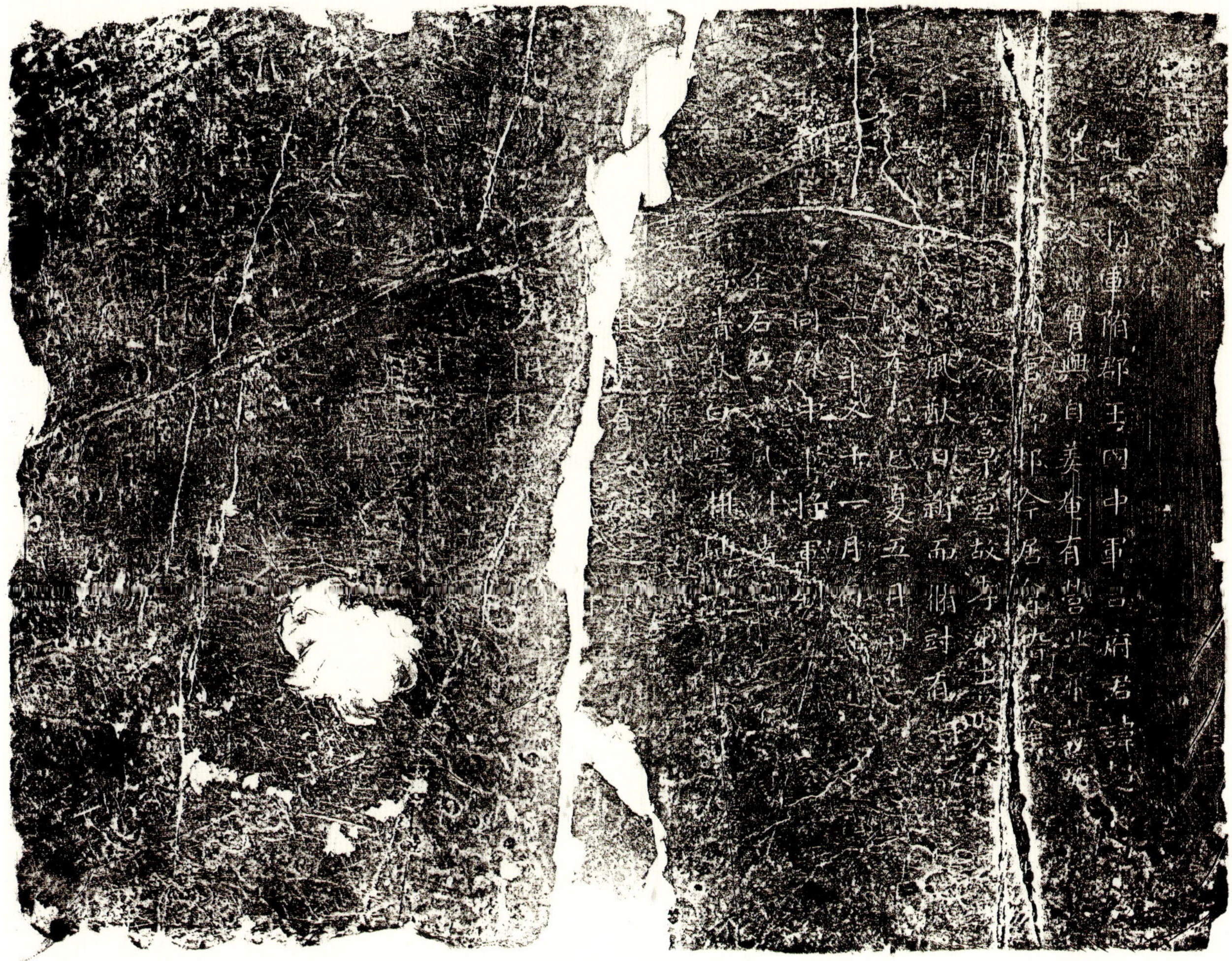

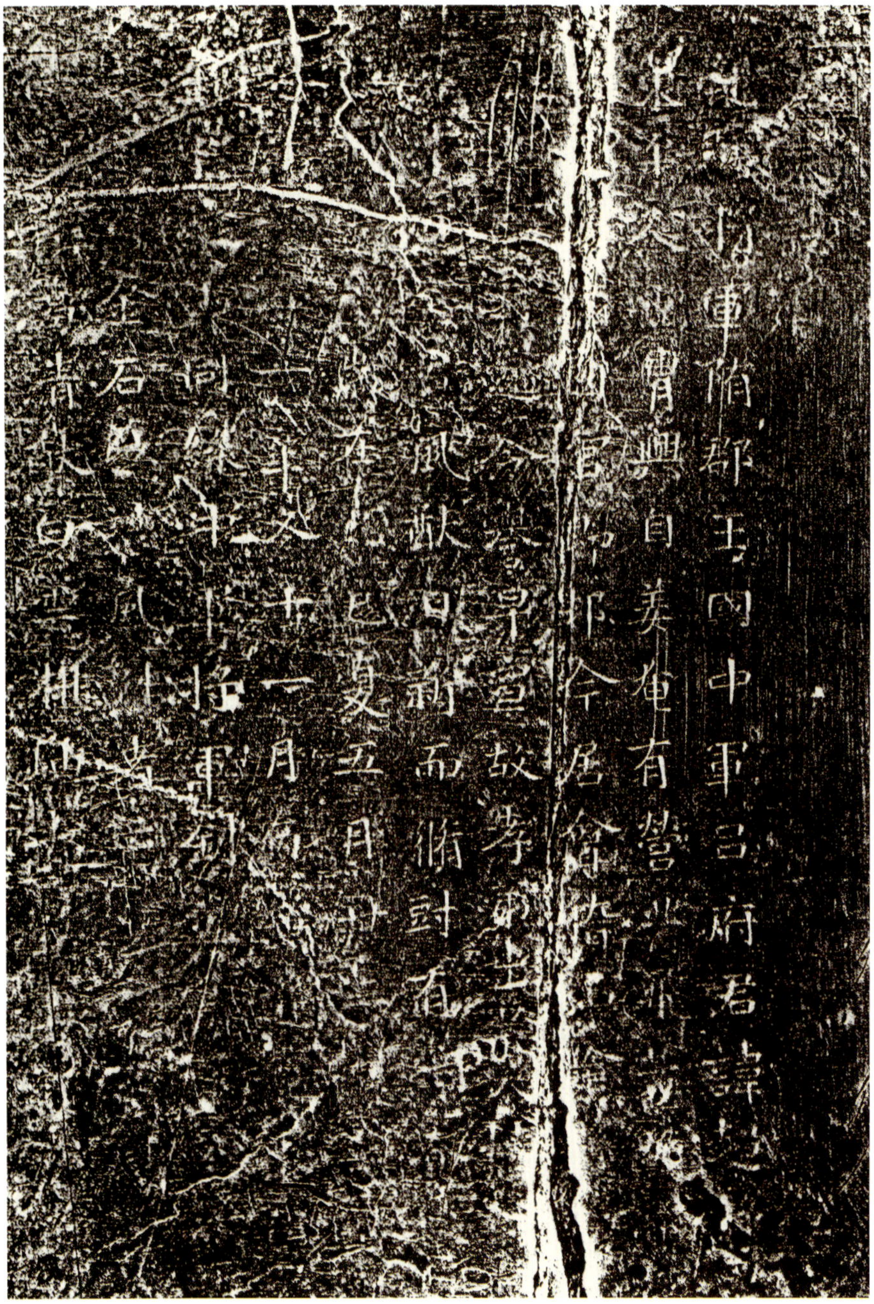

◎ 释文

□□墓志□/故龙骧将军隋郡王国中军吕府君讳超静□□/□东平人也胄兴自姜奄有营业飞芳□□□□/□□□□□因官即邦今居会稽山阴□□□□/□□□□□起令誉早宣故孝弟出□□□□□/□□□□□□风猷日新而修短有□□□□□/□永明七年岁在己巳夏五月廿五日丁卯□□/□□□□□一年冬十一月丙寅□□□□□□/□□□□□同系中军将军刘□□□□□□□/□□□□金石□志风烈者云/蔼蔼清猷白云拂岫素□□□□□□□/嘉□如□应我□□□□□□□□□□/□□其区眷言□□□□□□□□□□/□□蕙□□□□□□□□□□□□□/□□夕悄松□□□□□□□□□□□

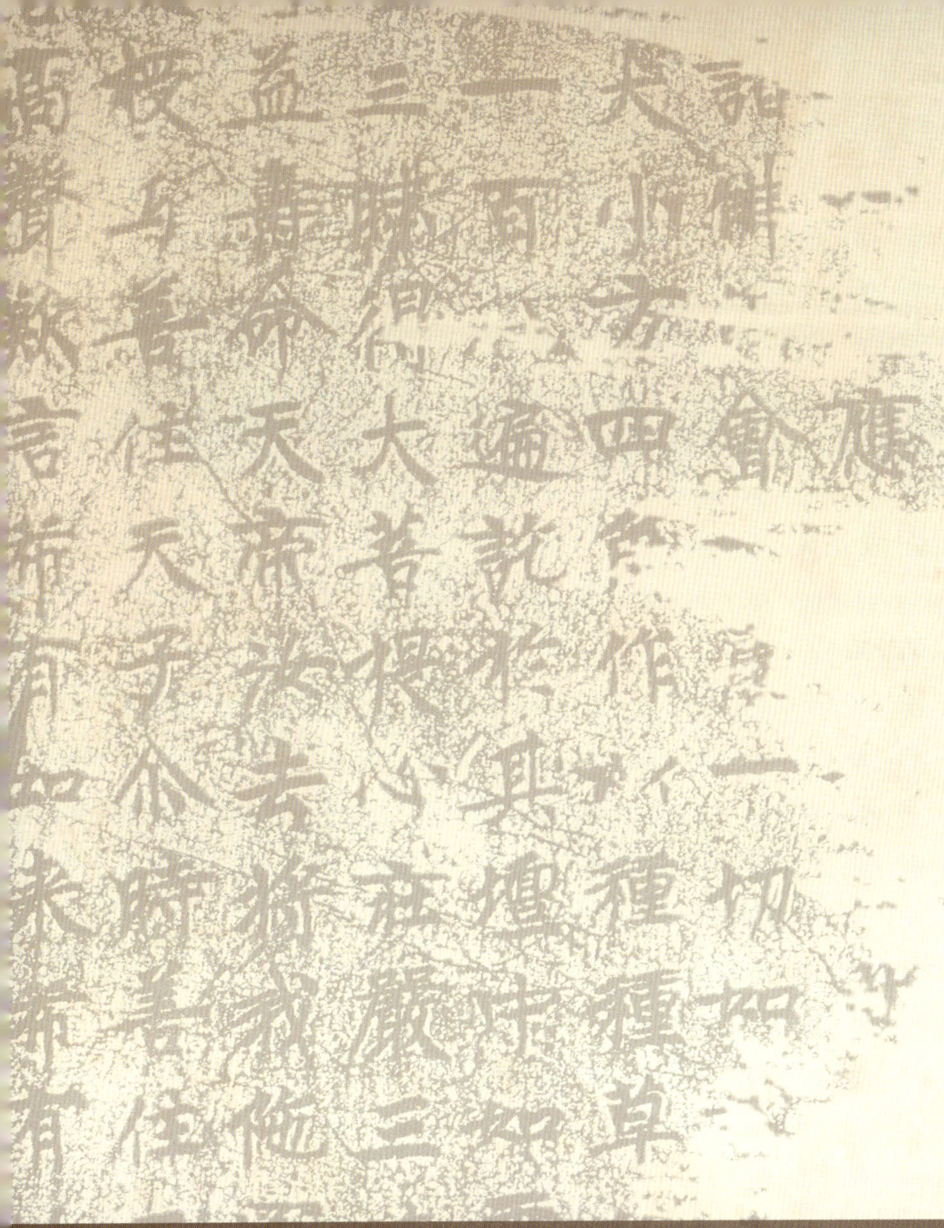

第三章

唐诗之路

——唐代浙江名碑名刻

隋开皇九年（589），隋文帝平陈，置杭州。三国以来漫长的分裂时代结束，浙江重归统一国家的版图。唐乾元元年（758），以钱塘江为界，分设浙江西道和浙江东道，第一次以越语地名“浙江”冠名地方行政区划。

隋唐时期，碑刻石刻形制更加丰富，制作手法成熟，碑、墓志、摩崖、刻经、塔铭、经幢等类型广泛分布。

隋唐时期，中国书法发展成熟，隋代碑刻粗犷豪放并吸收南方的秀美之气，刚柔并济，影响深远。由隋入唐，帝王重视书法，经世致用，倡导创新风气，开创唐楷书的新面貌，达到了魏晋以来的又一高峰。南北各地书风会流，笔法发展臻于完备，讨论书法的理论著作在此时期百花齐放，如隋代僧人智永的“永字八法”、欧阳询的“八诀”和“三十六法”等。

隋唐大运河的开通，使中原前往江南成为坦途，浙江的丝绸、瓷器、茶叶从此源源不断运往长安。唐代时，从都城长安沿大运河到达杭州后，继续沿浙东运河溯剡溪（曹娥江）而上，可到达天姥山、天台山和台州。这段风景如画的水路，由于李白、杜甫、王维、孟浩然等数十位唐代著名诗人造访，而被称为“唐诗之路”。唐诗之路沿线，至今依旧留存了唐代李邕、李阳冰、萧悦、杜牧等名家题刻数十处。

12. 唐李邕三岩“雨崖”题刻

纵 161 厘米，横 300 厘米

当代拓本，丽水越风堂藏

三岩位于丽水城西北，有白云、朝曦、清虚三岩鼎足而立，并有唐代以来题刻 30 余处。中岩名白云，上有飞瀑倾泻，水珠击石四溅如雨，称“雨崖”。崖下有唐代著名书法家李邕榜书“雨崖”两大字，字径约 150 厘米，体势方正，笔力雄健，纵横开阖，气象庄严。后署“李邕”两字。李邕曾任括州（今丽水）刺史、北海太守，世称“李括州”“李北海”，被称为“书中仙手”，有“右军如龙，北海如象”之誉。

◎ 释文

雨崖 /

李邕

13. 唐天宝六年源少良等神尼舍利塔题名

纵 114 厘米，横 56 厘米

当代拓本，杭州市文物遗产与历史建筑保护中心藏

该刻位于杭州飞来峰神尼舍利塔遗址下方，刻于唐天宝六年（747），为西湖现存最早的摩崖题刻。宋周文璞《游天竺诗》“静看唐人刻，相连坐石阴”“寻得数行天宝字，破他一夜草堂眠”，即指该处唐刻。该刻下方有宋景德三年（1006）张文昌等题名、宋梅违等题名，均被元代僧行之所书“璎珞泉”榜书所覆盖。经历代题名的打破叠压，唐刻今只存第一行“源”“良”及第五行“游”三字。据阮元《两浙金石志》记载可知该题名全文及排列情况。

◎ 释文

监察御史源少良，/

陕县尉阳陵，此郡/

太守张守信，天宝/

六载正月廿三日同/

游。

14. 唐李阳冰“倪翁洞”题刻

纵 146 厘米，横 92.5 厘米

清拓本，浙江省博物馆藏

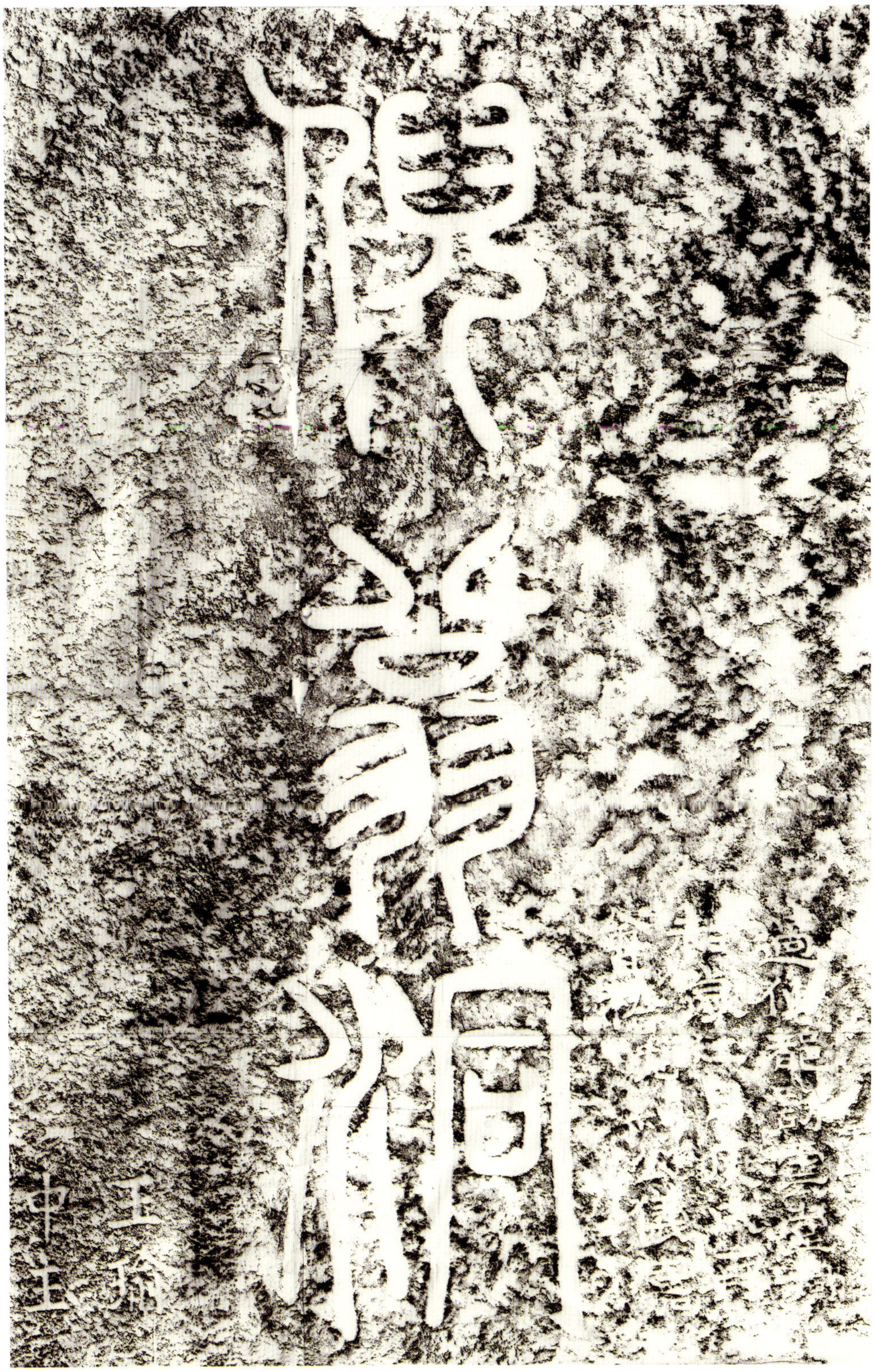

倪翁洞榜书，位于丽水市缙云仙都初旸谷倪翁洞口。倪翁洞由大小三个洞组成，与鼎湖遥遥相望。相传春秋时期越国大夫范蠡的老师计倪隐居于此，故称倪翁洞。洞口石上刻有唐李阳冰所写“倪翁洞”三字篆体榜书，字径 45 厘米，篆法均衡淳劲，开合有致，结字秀丽茂密。题者李阳冰为唐代著名书法家、文学家，唐乾元年间（758—760）任缙云县令。

◎ 释文

倪翁洞

会稽沈绅公仪嘉/

祐岁二月庚戌再/

过仙都访云堂洞/

王瑜/

中玉

15. 唐李阳冰缙云县城隍庙碑

纵 136.5 厘米，横 73.5 厘米

民国拓本，浙江省博物馆藏

《城隍庙碑》亦称为“缙云县城隍庙碑”，唐乾元二年（759）撰文并刻石，系李阳冰担任缙云县令时，于本县城隍庙祈雨有应之后所刻。北宋宣和初期方腊起义，原碑在兵乱中断裂残缺。现今所见之碑，实为宣和五年（1123）缙云县令吴延年得民间旧拓本重刻而成，存于缙云县博物馆碑廊。碑高 165 厘米，宽 79 厘米。碑文共计 86 字，字径 10 厘米，篆书 8 行。另有落款 2 行，楷书。篆文细瘦劲挺，飞动若神，结体委婉自如。

◎ 释文

城隍神，祀典无之，吴越有之。/

风俗：水旱疾疫，必祷焉。有唐 /

乾元二年秋七月，不雨，八月 /

既望，缙云县令李阳冰躬祷 /

于神，与神约曰：五日不雨，将 /

焚其庙。及期大雨，合境告足。/

具官与耆耋群吏，乃自西谷 /

迁庙于山巅，以答神休。

唐乾元中，李阳冰尝宰是邑，邑西山之颠，有城隍祠，碑刻实所为记与篆也。阳冰以篆冠今古，而人争欲得之。昨缘寇攘，残缺断裂，殆不可读，偶得纸本于民间，遂命工重勒诸石，庶广其传，亦□以使之□□也。/

大宋宣和五年岁次癸卯十月朔，承信郎、就差权处州缙云县尉周明，迪功郎、就差处州缙云县主簿费季文，将仕郎、处州缙云县丞史良翰，文林郎、就差处州缙云县令、管勾劝农公事吴延年立。

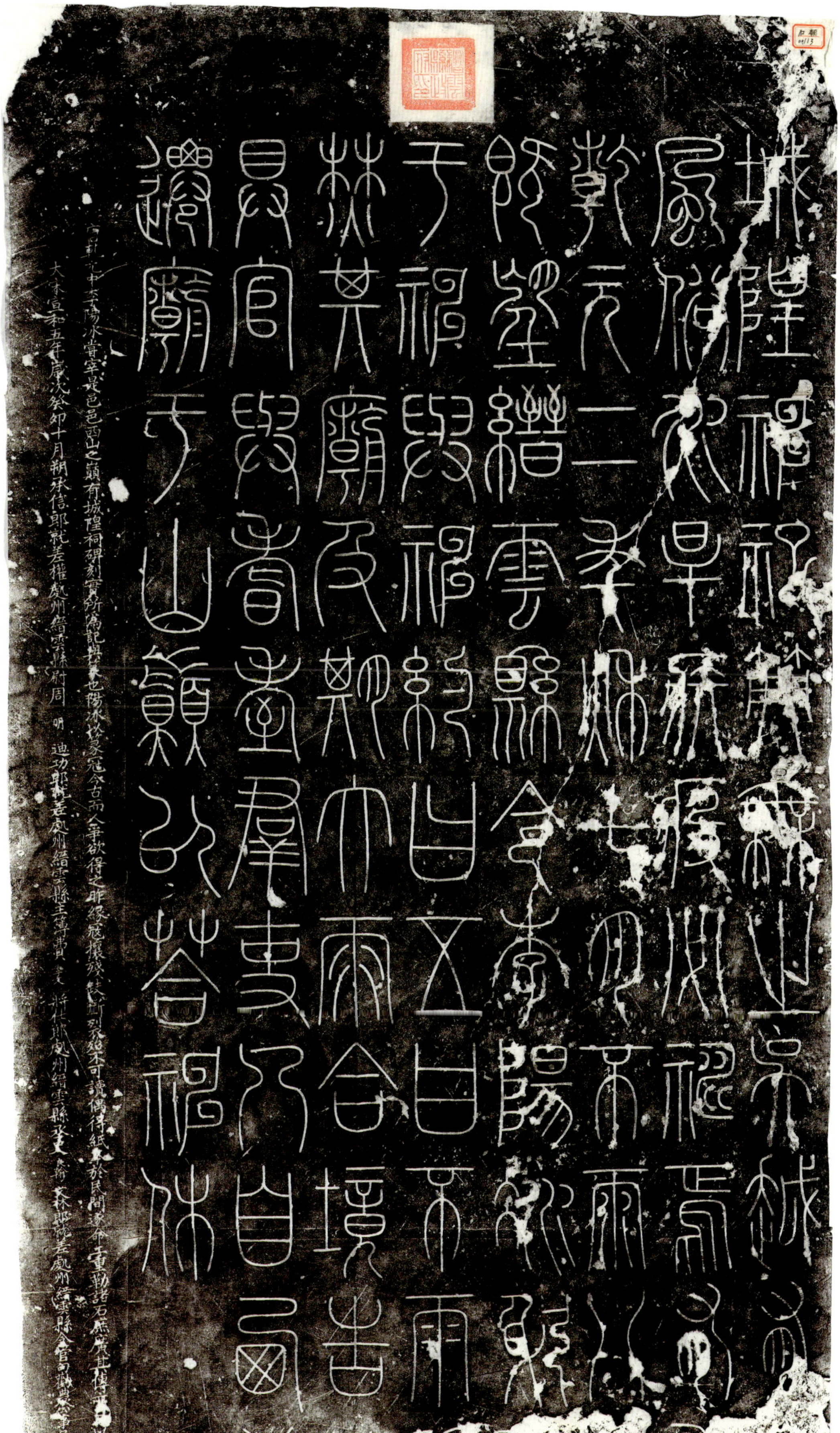

16. 唐建中元年高元和等仙都题名

纵约 74 厘米，横约 45 厘米

当代拓本，丽水越风堂藏

缙云仙都共有摩崖题刻 125 处，年代由唐宋至明清延续千年，书法品类众多，书体有楷草隶篆行，风格各异。“建中改元”四字表明了其为唐建中元年（780）所刻。该刻是仙都摩崖唐刻的重要作品，书体为行楷，左行，用笔舒展，纯熟精良，笔意间带有二王遗韵。

◎ 释文

高元和、祝彦平、杨／德充、徐济远、詹季／申、弟季达，建中改／元九月三日游。

17. 长兴顾渚山最高堂唐代摩崖题记三种

大唐贡茶院位于长兴顾渚山侧的虎头岩，始建于唐大历五年（770），是督造唐代贡茶顾渚紫笋茶的场所，也是我国有史可查最早的皇家贡茶院。院“以（吉祥寺）东廊三十间为贡茶院，两行置茶碓，又焙百余所，工匠千余人”，规模庞大。茶院设立之后的 80 多年间，有 28 位刺史来此督贡。现今，顾渚山保留了 11 方唐宋摩崖石刻，有西顾山（又名白洋山或银山）最高堂摩崖、斫射岕老鸦窝摩崖和悬臼岕霸王潭摩崖三组。其中位于西顾山最高堂的袁高、于頔、杜牧三方唐代题名，均有“奉诏修茶贡”“修贡”“奉贡”之语，见证了唐代湖州刺史前来顾渚贡茶院修贡的历史。

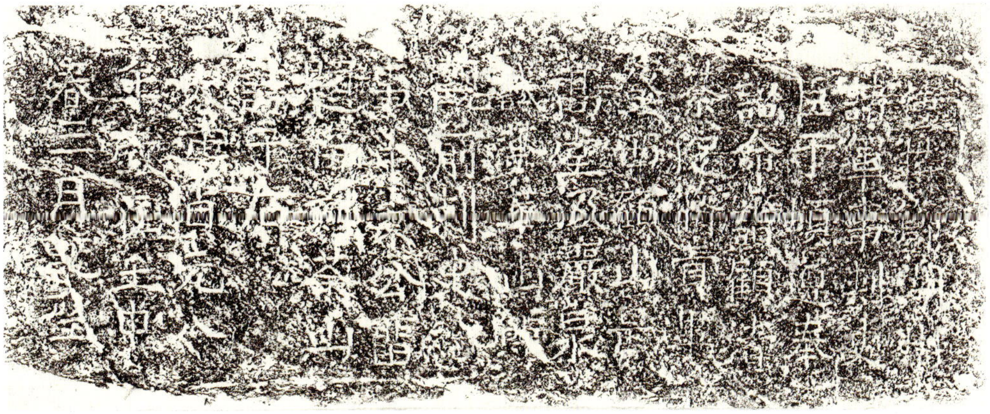

17-1. 唐兴元元年刺史袁高题名

纵 40 厘米，横 160 厘米

当代拓本，长兴博物馆藏

袁高题刻是顾渚山题刻中现存年代最早、字径最大的一方，唐兴元元年（784）湖州刺史袁高来此督茶时题写。袁高见茶院百姓采茶疾苦，于是赋《茶山诗》与茶叶一同献贡，感叹“阴岭芽未吐，使者牒已频”，意欲争取为百姓减轻朝贡负担。该刻隶书书写，用笔精紧瘦劲，结体方正古朴，其中“茶”字均写作“荼”。

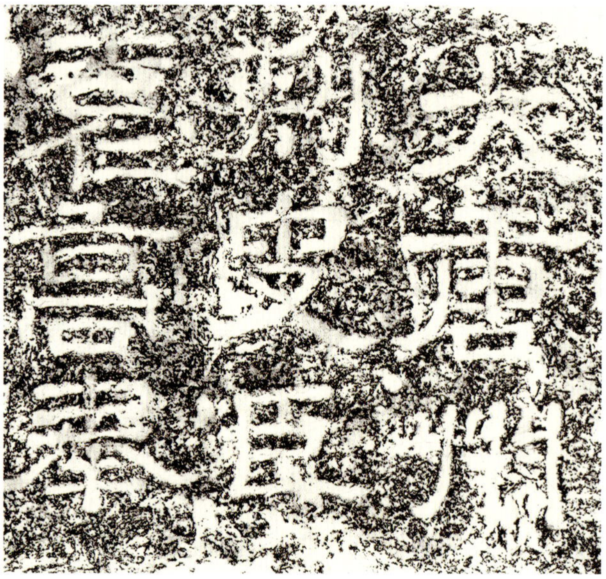

◎ 释文

大唐州／刺史臣／袁高，奉／诏修荼／贡讫，至／顾山最／高堂赋／《荼山诗》。／兴元甲／子岁三／春十日。

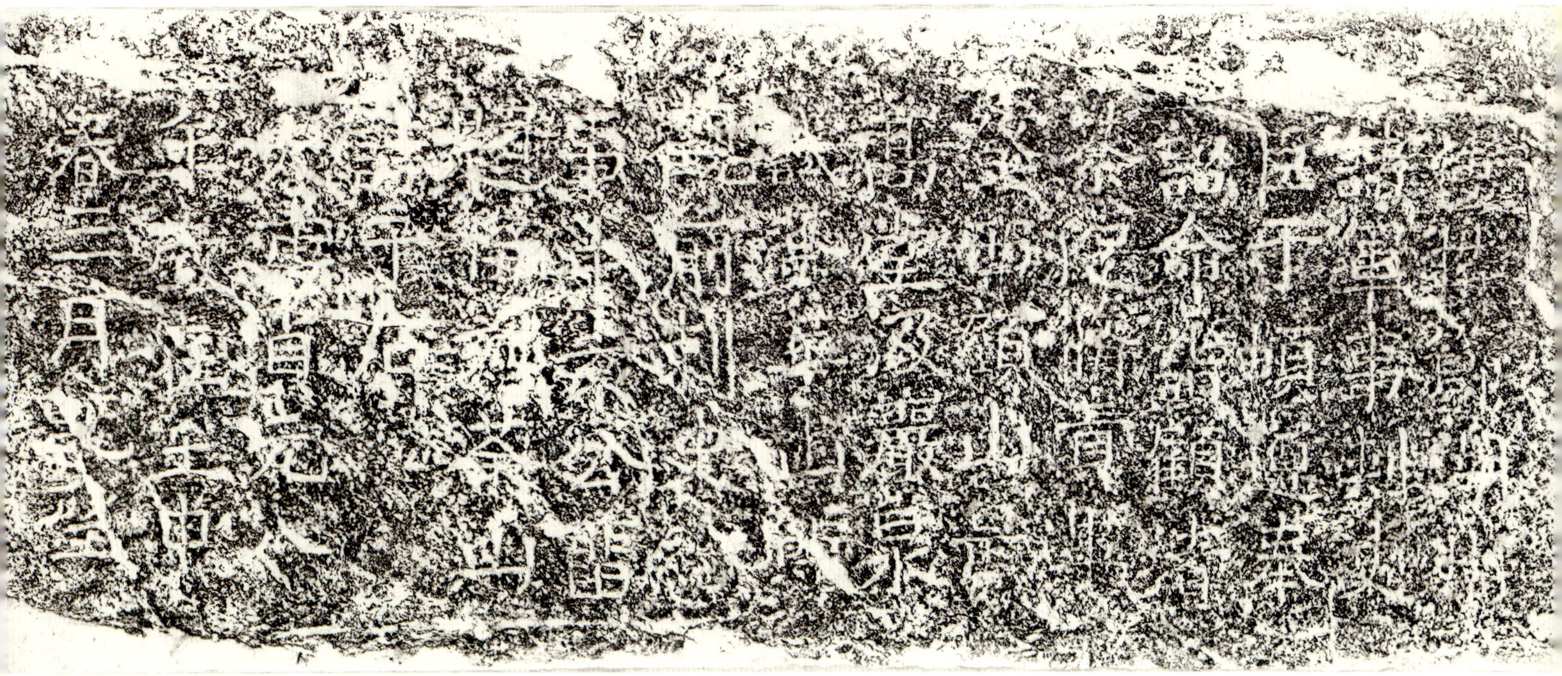

17-2. 唐贞元八年刺史于頔题名

纵 42.5 厘米，横 81.5 厘米

当代拓本，长兴博物馆藏

于頔题刻位于袁高题刻右下方，于唐贞元八年（792）题写，题刻内容在阮元《两浙金石志》中有载。同样前来顾渚山督茶的湖州刺史于頔，在汲岩泉旁题刻“观前刺史给事中袁公留题留刻茶山诗于石”，体现了自袁高以来的督贡传统。刻文书体楷书，端正稳健，用笔带唐楷意味。

◎ 释文

使持节湖州／诸军事刺史／臣于頔遵奉／诏命，诣顾渚／茶院修贡毕，／登西顾山最／高堂，汲岩泉，／试茶华山颠。／观前刺史给／事中袁公留／题留刻茶山／诗于石。／大唐贞元八／年岁在壬申／春三月既望。

17-3. 唐大中五年刺史杜牧题诗

纵 33 厘米，横 60 厘米

当代拓本，长兴博物馆藏

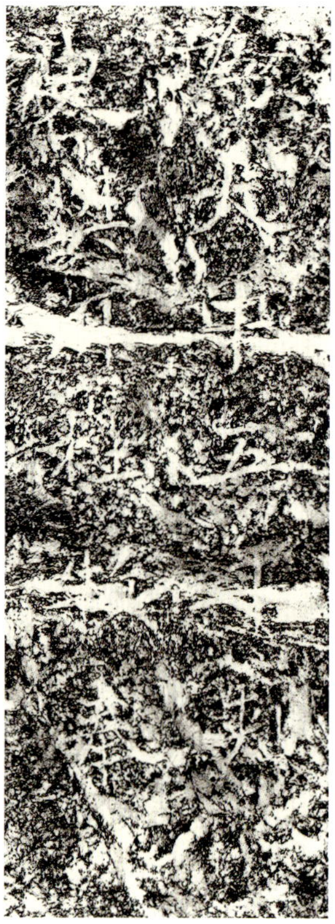

杜牧题刻，位于袁高、于頔题刻的右侧，是顾渚山唐代题刻中最晚的一方，也是杜牧在离世前题刻绝笔之作，此时贡茶院已设立 80 余年。唐大中五年（851），杜牧到顾渚山督贡，并留下了此方题刻和多首以“茶山”为名的诗歌。题刻楷书书写，结字挺拔，端庄大方。

◎ 释文

后于公六十年，是 / 为大中五年，刺 / 史樊川杜牧，奉 / 贡讫事，以季春 / 中休来，□题四 / 七字：岩□□□ / 万木中，野花特 / 地一枝红。拟攀 / 丛棘□寥寂，晚 / □清香感细风。

18. 唐萧悦等天竺寺题名

纵 38 厘米，横 37 厘米

当代拓本，杭州市文物遗产与历史建筑保护中心藏

该刻位于杭州飞来峰天竺寺后山。萧悦，兰陵人，善画竹，技艺举世无双。白居易在《画竹歌》中对萧悦的墨竹推崇备至："植物之中竹难写，古今虽画无似者。萧郎笔下独逼真，丹青以来唯一人。"其中"西丛七茎劲而健，省向天竺寺前石上见"一句，描述的正是题刻所在地。推测该刻应刻于长庆年间白居易杭州刺史任内（822—824），楷书书写，运笔从容，不露锋芒。

◎ 释文

前太常寺奉 / 礼郎萧悦，/ 前太常寺奉 / 礼郎王亘。

19. 唐大和七年明州阿育王寺常住田碑

纵 263 厘米，横 120 厘米

清拓本，天一阁博物院藏

《大唐越州都督府鄮县阿育王寺常住田碑》，旧碑约刻于唐开元年间（713—741），万齐融撰，徐峤之书，碑文中尚存鄞县（今宁波市鄞州区）改名前的鄮县古称。唐大和七年（833），明州刺史于季友重立，处士范的重书并篆额。碑文记载阿育王寺初创于东晋，南朝宋文帝赐给寺庙常住田，历经六朝隋唐，常住田始终作为阿育王寺寺产，由寺僧负责种植收赋的历史。碑文用行书书写，取法二王，排布规整严谨，用笔流畅而有力。

◎ 释文

阿育王寺常住田碑（额）

大唐越州都督府鄮县阿育王寺常住田碑。旧碑是前□赵州刺史徐峤之书。/前秘书省正字郎万齐融撰。顺阳范的书并篆额，韩持镌。/

我闻语寂灭者，本之以不生，而菩萨不能去资生立法；谈逍遥者，存之于无待，而神人不能亡有待为烦。吉祥之降，帝农教以耒耜；苍灵之下，后稷俾其播种。故维摩之毗耶，稽首/持钵，尚诣于香积；释迦之给孤，洗足着衣，犹乞食于舍卫。□知夫食者不独乎人天，农者岂唯乎政本？阿育王灵塔寺者，晋义熙元年之所置也。昔孔雀氏宿童子之因果，当金人/之授记。暨铁轮位正，宝塔功成，计鸟道之千里，占人寰之一胜。夜叉密迹以飞行，神僧护影而围绕。虽方坛气象，已萌青石之符；而员顶光明，未质白云之状。迨观音应现而□□，/利宾虚求以昭发。全身踊出，倏如多宝之音；一瓜圆开，宛是楼那之相。神其不灭，道在兹乎？晋安帝允厘三才，成就六度，聿图兰若，式印招提。景行阿育王，故以育王灵塔为称首。/徒观夫轮奂规矩，钩绳创制，珠轩翠槛，延袤中霄；玉溜金池，周罗上界。环海之下流元气，大地为衣；围山之上结太清，诸天作盖。信方广一都之会也，左赤岸而千里，右青□□□/曲。霞标莽苍，幽幽迷鬼谷之祠；日刹晶明，的的识丈人之馆。天花未雨，宿传龙界之香；地籁无风，时起鱼山之梵。则知定光诸佛，悔天台之赤城；罗汉群仙，谬昆仑之玄圃。□□法/惟神授，道乃人弘。向使输柯王昧巴连之因，初徽此塔；迦叶佛晦阎浮之迹，殆旷兹山。盖虚明之绝境，不可得而思议者也。粤寺东十五里塔墅常住田者，宋元嘉二年奉诏之所/立也。宋文帝秉箓御乾，作娑罗之外护，感阇耶子砂糗之供，制赐

阿育王寺常住田碑

是田；梁武皇握枢临极，为宝应之下生，见阿育王金粟之果，敕蠲其赋。日月盈止，既有命以自天；陵谷迭□，□□/动其如地。梁普通中，沙门僧绶，兹寺之应真也，以发行为道场，以直心为净土，闻纯陁良田之喻，遂笃志焉。既种既戒，载芟载柞，察地道之化成，观天道之时变，晤是身无之□□，/始以常住名焉。次有僧济上人，虚己净心，细兹惠业，披衣画其塍埒，持戒整其疆畔，苗而不秀，有恨何及？逮陈隋之季，丧乱荐臻，农野萧条，鞠为茂草。我皇家执大象，乘飞龙，/陟丕上帝之耿命，绍复先王之大业。有山栖旷和上，道尊人杰，德贵天师。中宗孝和皇帝亲降玺书，愿同金辇，击鼓而陈其入国，造船而捧其登座。故知二乘行道，□□朱□，/四果适时，还陛紫殿。虽植众德本，作南山之福田；种诸善根，存东皋之净业。初，湖之左右，夹壤二区，榛梗始艾，菑畲粗立。僧徒理胜，力未赡农，童牧因间，私窃种艺。和上□蒙俗之/贪垢，负冥期之幽报。乃推湖西易垄，让为闲田，攘诤归之，舂税就给。惟割湖东十顷，复古赐地，穷海北渐，曾山南麓。楼子根盘以东峙，富都股引而西注。真陆水膏腴之沃壤，实神/灵滋液之奥区。于是奠其畛畷，孚其版籍，农野罢侵，田畯至喜，人到于今称焉。前寺主简、皎二法师，僧祇之龙象也，就先畴之畎亩，敦老农之底绩。蒇事作制，蓑笠来思者久之，岁/功未成，生崖共尽。流沙忽去，荒凉紫陌之田；影壁空存，摇落青园之寺，可为长太息者矣！有惠炬阇黎，德业淳修，曾统纲领。道胜之韵，生而能言；禅悦之味，老而弥笃。用能纂其□/始，高轨可追；庀其委积，长算斯远。与法言沙门，俗姓喻氏，贞已密行，惠心苦节，今屈知墅任，垂将十年。先是，舄卤未斥，涂洫未浚，苫稗翳荟，漫于农郊。夫其心啬制度，目□曲折，荷/锸畚土，堙洼铲凸。隤竹落，揵石留，溉高凑仰，增卑陪薄。分□水怒，承达土气，填淤游荡而时至，余波宽缓而不迫。终古旱害，浸以污潢，冬不祈于积雪，夏无荣乎小雨，由是湖有千/金之号焉。当其春扈司载，田事既饬，产孚甲，毓萌芽，或穮或蔉，实颖实发，上农台而课长赢，汶阳之稼如云矣。及夫寒蝉记时，农乃登谷，完积聚，筑场圃，孚不遗秉，穞无□□□□/庾而督收成，海陵之仓非衍矣。《诗》云："绰彼硕田，岁取十千。"其是之谓乎？百谷既蒸，万供既设，满以众香之钵，薰以毗耶之城。或异声闻，若化菩萨，虚高座以影集，时洪钟而□□□/座而坐，饭食经行。嗅若香风，味同甘露。遍满一劫，周流十方。闻之者得未曾有，食之者咸登正位。白衣之会龙国，无掘郁金之香；缁裳之集鸡寺，不碎庵罗之末。三藏大德，□食金/之奇贵；一器沙弥，识麸坋之非重。资我饭色，师之力欤！都维那玄综，游方观化，大□慈诱。火耕水耨，常有助于上农；飞杖浮杯，今载行乎中国。上座释辨疑，十城之僧主也，神清□/合，金杵发其休征；寺主释惠敏，九州之维那也，风骨天成，铁镇起其灵相。咸能以如来之衣衣，分如来之座坐。护育王之灵塔，愿贸金钱；托育王之圣田，思模石柱。弟子早校兰书，/式典麒麟之阁；晚游莲迹，每参鹦鹉之林。宾头卢之下空，亟见有能师子；舍那私之入寺，岂谓无知老人？识异博文，才非能赋。阮公不事，曾供香花；顾越有缘，遂瞻碑版。满笈多之/石室，未掷其筹；对轮王之金地，且耕其笔。多罗之叶，而书偈云：/

浑仪草昧，象物纷拏。或甲而乙，或萌而芽。万殊成类，百宝攸嘉。故后稷布其种，神农尝其华。（其一）燧人更运，火正司职。教以鼎饪，炊之黍稷。易兹毛茹，成此粒食。是之为人天，是之为/皇极。（其二）我闻维摩，曾语舍利。如来大慈，甘露上味。又见阿难，问是香气。亦有以饭食，以之为佛事。（其三）若长者主，若声闻人。天诸居士，地虚空神。如闻饭气，而亦来臻。况□□之位□/有待之为身。（其四）猗欤童子，供资砂糗。法王大慈，冷然虚受。伊铁轮以授记，从灭度后；何宝塔之庄严，得未曾有？（其五）鸟道於许，人寰在哉。鬼神冥运，风雨潜来。白云涌出，青山半开。□/千轮之莲迹，建百福之花台。（其六）宋帝下生，梁皇外护。太稷赐畴，司农蠲赋。皋壤映发，湖源灌注。既鱼鳞以左右，亦犬牙而盘互。（其七）菑畬平秩，蓑笠来思。爰疏畛畷，是务锄犁。三农奕/奕，万亩祈祈。自膏腴而兼倍，矧雨露与华滋。（其八）懿兹开士，赏功司过。悦以犒勤，刑以肃惰。东作方喜，西成是课。始象耕而鸟耘，终牛舂而马簸。（其九）千箱既积，五谷斯分。味蒸甘露，炊/涌香云。孰云菩萨，而谓声闻。抟须弥所不能尽，曷毗耶之足薰？（其十）蕤尔赤松，犹田白玉。矧伊塔寺，神通付嘱。信矣育王，能生金粟。彼郑国之泥紫，如富都之水绿。（十一）我来自东，经行/成趣。净业斯辟，善根方树。式纪因缘，匪存章句。庶金田与石柱，永巍巍以常住。

育王寺碑后记

此寺碑记尝为寇盗隳坏，久无竖立。有好事僧惠印，录其旧文，藏于箧笥。又与老宿僧明秀、志诠，寺主僧志仁，上座僧栖云，都维那僧巨嵩，会议重建其碑焉。余/美其乐善，会剡越间，有隐逸之士曰范的，业文功书，未遇于时，常萍泊云水间。一日扁舟至明，余邀以书之，添胜境游观之一事。略纪端由于碑后。太和七年十二月一日明州/刺史于季友记。范处士在育王寺书碑，因以寄赠。明州刺史于季友。墨妙复辞雄，扁舟访远公。雪天书梵字，霜月步莲宫。迹寄双林下，名留劫石中。遥知松径望，/棠叶满山红。时在育王寺书石字，奉酬中丞使君寄赠四韵（依次用本韵）。处士范的上。拙艺荷才雄，新诗起谢公。开缄光佛域，望景动星宫。风雪文章里，书镌琬琊中。将谁比佳句，霞绮散成红。石有光者，曰琊，音柳。

20. 唐开成二年杭州龙兴寺经幢

八面，每面纵 172 厘米，横 26.5 厘米

清拓本，浙江省博物馆藏

龙兴寺经幢位于杭州市延安路灯芯巷口，初建于唐开成二年（837）。经幢石质，高 420 厘米，由须弥座、幢身、腰檐、短柱、上檐、幢顶相叠而成。幢身八面，高 170 厘米，面宽 27 厘米，满刻《佛顶尊胜陀罗尼经》，由唐代书家胡季良所书，字距规范，排布工整，笔画严谨有力；后有历代幢记，可知其于唐大中五年（851）、五代后梁乾化五年（915）、南宋和清代等多次重修。此幢同时也是杭州地表留存至今最早的建筑物，起到了杭州历史地理坐标的作用。

◎ 释文

佛顶尊胜陀罗尼经序（不录）

佛顶尊胜陀罗尼经（不录）

开成二年正月一日建。建主郑御，同建造僧宗亮，同勾当造幢吴中则。/ 处士胡季良书。都料匠吴兴沈郁，弟威刻字。

奉为国王、太子、辅相大臣、州县采察，及多生父母、十方施主、法界有情，重修此幢，永充供养。大中五年八月廿四日建。勾当僧可仪，/ 大德僧幼则，老宿僧惟素，大德僧道仪，供奉大德僧贞实，监寺大德僧良涤，长讲律大德僧怀志，僧常居，法师洪彬，僧惠超，/ 都维那僧志圆，寺主僧文义，上座僧智常同舍钱。助缘人前衡州衡山县令陈俅，前国子监明经姚继文，前明经夏敦礼、祝师益、陈谦、徐宏发、/ 徐□、汪景复、汤简文、褚达、郑绛、钱处实、沈文渐、朱德。

梁乾化五年五月八日头陀僧处道重修建，内有舍利五十四颗，琉璃瓶盛。

淳祐八年三月初八日□□众人修□□□。

是幢久没民间，幸于明崇祯丙子年放光，遂得。兴缘檀越沈演、方子将、冯洪叶、王元建舍资。沙门元神、海音复创于大清顺治乙未九月十三日，千佛寺住锡龙兴□忠重修建。

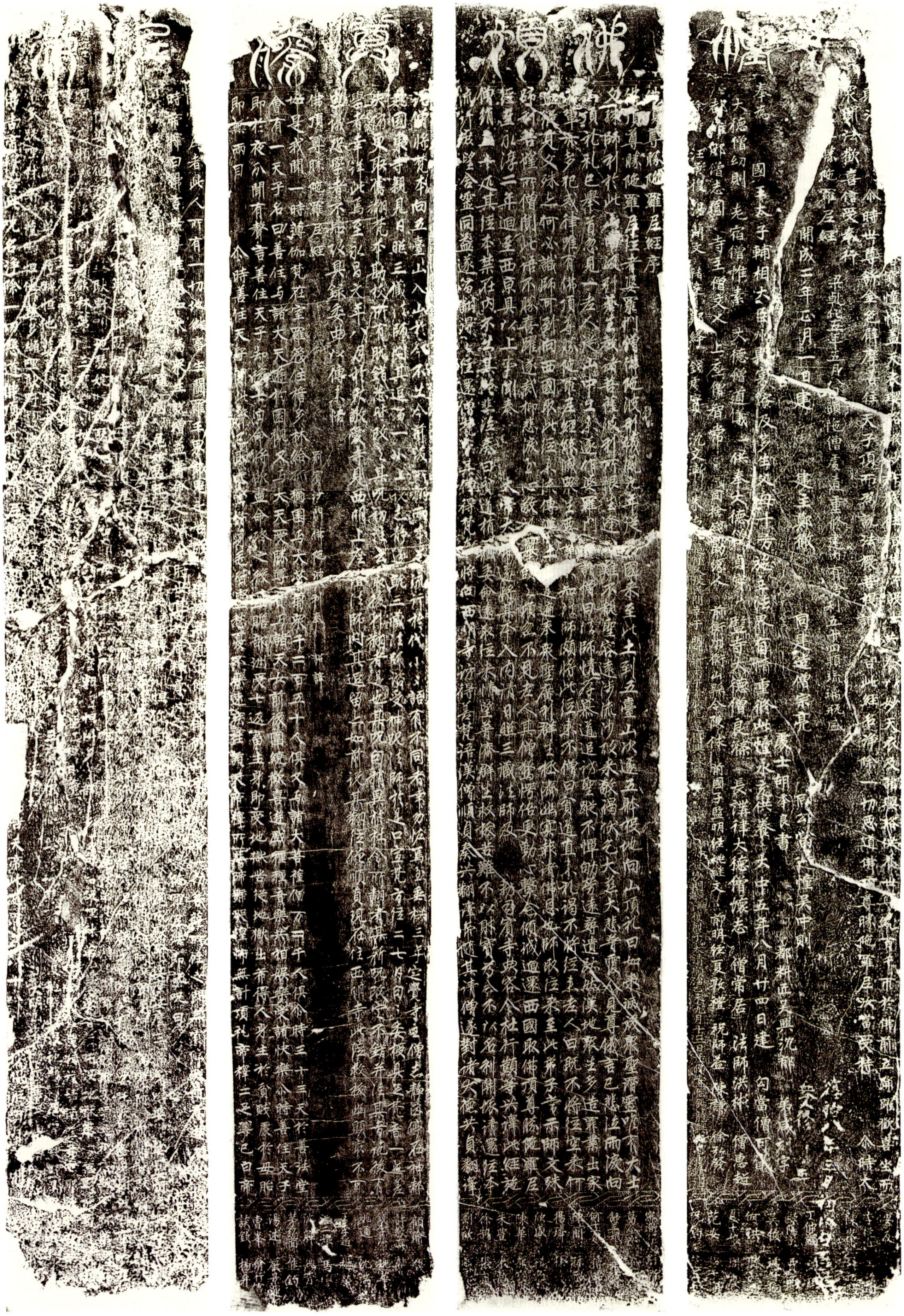

第四章

风雅两宋

——宋代浙江名碑名刻

吴越国“纳土归宋”，北宋时期的浙江富庶繁盛。宋室南迁，定都临安，南宋时期的浙江凭借地理和政治上的优势全面发展，典章制度、衣冠文物，蔚为大观。

两宋时期，碑刻石刻基本保留了唐代形制，使用范围更广泛，文字内容更丰富。苏轼、黄庭坚、米芾等书法大家打破了唐书的樊篱，书法取向重在表现个人情性，自有天趣，实现了宋代书法的复兴。宋代帖学盛行，宋太宗赵光义即位后，留意翰墨，提倡文治，特遣使搜求历代帝王名臣墨迹，命侍卫王著编辑“法帖”，并模刻于枣木板上，拓赐大臣。

宋代摩崖题刻多有游览题名，相比唐代更追求意趣，个性鲜明，异彩纷呈，在数量和分布上大大增加，记载了宋代文人对浙江景观的探索和发现。北宋末年方腊起义相关石刻，以及南宋首都杭州刊刻的太学石经、孔子七十二像赞等，都是极具时代和地域特色的代表性碑刻。

21. 钱元瓘墓星象图石刻

纵 412 厘米，横 270 厘米

当代拓本，杭州市文物遗产与历史建筑保护中心藏

1965 年出土于杭州玉皇山南麓的吴越国王钱元瓘墓。星象图位于后室顶部，刻于后晋天福七年（942）。图中星象以阴线精细刻划，中央刻拱极星座，周围环绕刻二十八宿。此外，还用单线刻划了半径不等的四个同心圆，圆心即天球北极；第一圈直径为 50.5 厘米，表示范围内的星象绕天球北极旋转时不没入地平，亦即盖天图中的内规；第二圈直径为 124 厘米，表示天球赤道；第三圈直径 196 厘米，为盖天图外规，表示再往外的星在观察地点看不见。最外面圆圈是盖天图的重规。刻工精细，位置准确，现存石刻星数 180 颗，是世界上现存最早的石刻星象图之一。

22. 宋嘉祐七年金华万佛塔经幢

纵 61 厘米，横 69 厘米

当代拓本，浙江省博物馆藏

1957 年出土于金华万佛塔地宫。经幢整体以红砂石制成，高 147 厘米，共分七段。须弥座上镌刻祥云、海水、莲花纹饰。幢身高 54 厘米，六面，刻有《无垢净光大陀罗尼经》，并附有北宋嘉祐七年（1062）造幢记。幢身上部是精巧的建筑结构，包括屋檐、仰莲、四面亭，亭顶上有宝珠。幢身表面呈黑色，其他部分则施以金、桃红、石绿等颜色装饰。

◎ 释文

无垢净光大陀罗尼经（经文不录）

弟子使院观察孔目官吴善并妻王一娘家眷 / 等，抽舍净财，装此幢子，永充供养。/ 弟子刘知古舍此幢子一所，永镇龙宫供养。/ 嘉祐七年岁次壬寅十月二十八日沙门灵寿书。

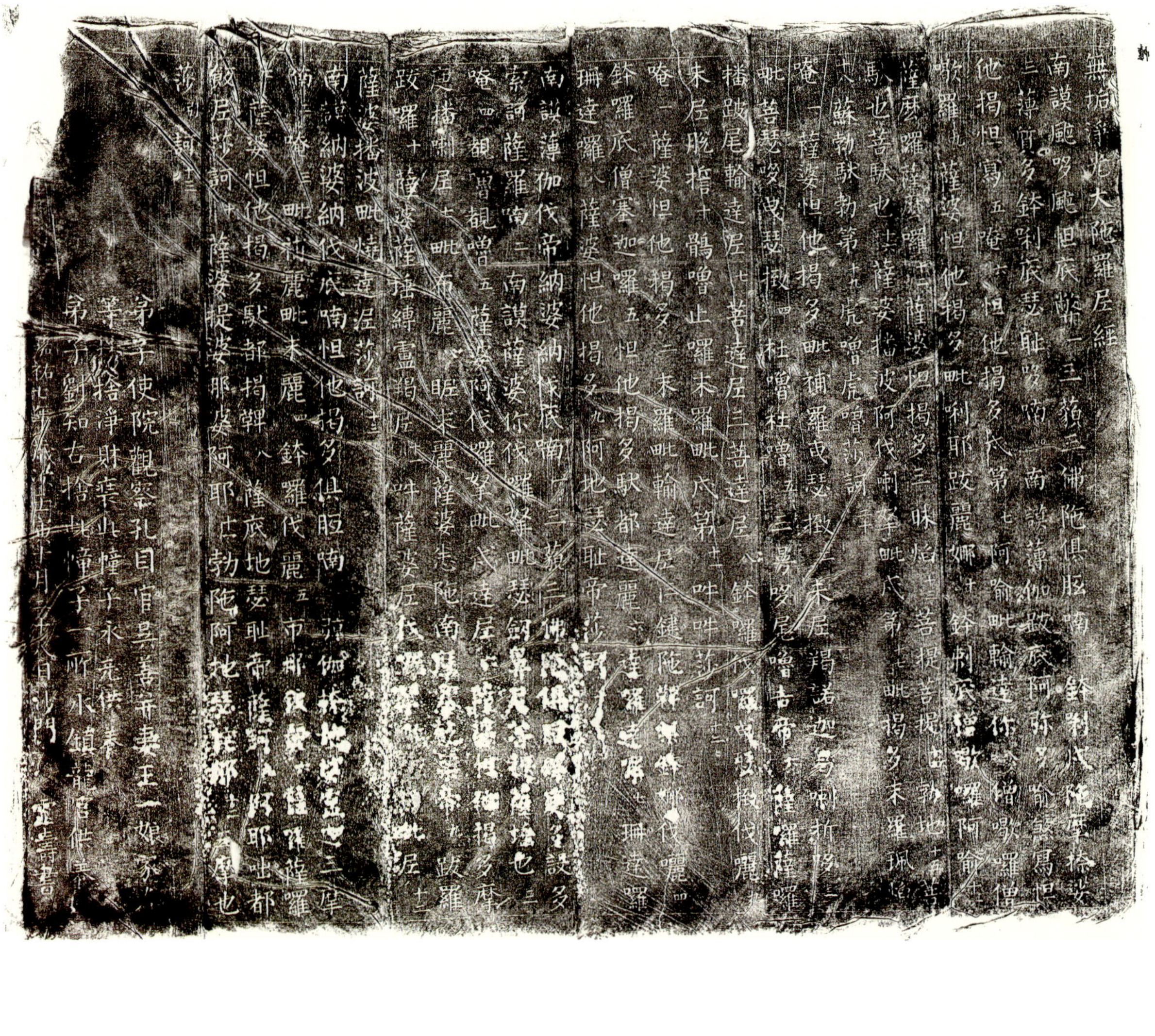

23. 宋熙宁六年沈括等高阳洞题名

纵 105 厘米，横 106 厘米

当代拓本，浙江省博物馆藏

沈括（1031—1095），字存中，浙江钱塘（今杭州）人，北宋著名科学家、学者。熙宁六年（1073），经王安石推荐，沈括出任两浙察访使，察访两浙水利、农田、差役等事务。缙云仙都仙水洞崖壁上有“沈括奉使过此，黄颜、李之仪……”字样的残刻。青田石门洞月洞的崖壁上有题刻曰“太子中允集贤校理兼史馆检讨沈括奉使按行过此，熙宁六年十二月十四日，黄颜、李之仪同来”。由此可推断，沈括应是按照缙云（仙都）、处州（南明山高阳洞）、青田（石门洞）的顺序，经过处州后，继续前往温州。该题刻位于丽水南明山高阳洞东口北壁，用笔方折硬朗，中宫收紧，结构略带欹侧，有北碑遗风。

◎ 释文

沈括、王子京、/ 黄颜、李之仪 / 熙宁六年十 / 二月十二日游。

24. 沈括雁荡山龙鼻洞题名

纵 25.5 厘米，横 16 厘米

当代拓本，温州市博物馆藏

沈括行经处州之后，到达温州，并游览雁荡山，在此题名。雁荡山现存三处沈括题名，分别为龙鼻洞“沈括”题名二字，雁荡山雪洞题刻“沈括、王子京、陆元长、周昌符、黄颜、李之仪”，雁荡山挂锡谷题刻“沈括过此，陆元长、周昌符、黄颜、李之仪”。此处题名位于龙鼻洞，下笔苍劲有力，不失韧度，相较于高阳洞题刻更加沉稳。

◎ 释文

沈括

25. 宋元丰三年赵抃仙都摩崖题记

纵 80 厘米，横 60 厘米

当代拓本，缙云县博物馆藏

位于缙云仙都仙水洞，北宋元丰三年（1080）刻。赵抃（1008 — 1084），字阅道，自号知非子，衢州人，北宋名臣、词人。元丰二年（1079），以太子少保致仕居乡。本题刻为赵抃致仕后，73 岁游览缙云仙都时所题。他同时写有《仙水洞》诗："路入云端步步轻，洞中涓流一泓清。不逢真侣仙踪在，犹喜磨崖纪姓名。"亦题名于仙水洞崖壁作为纪念，字迹潇洒无束缚，行文流畅，揖让成趣，劲利豪爽。

◎ 释文

大资政少保致仕、/

三衢赵抃阅道游，/

男屼侍，毛维章预。/

元丰庚申仲冬十三日。

26. 宋元丰七年叶诜等发愿文碑

五面，周身四面纵30厘米，横94厘米；顶面纵39厘米，横7.5厘米

当代拓本，义乌市博物馆藏

1984年，义乌县塘李公社北岭塘大队一村民在挖土时发现窖藏，内发现北宋元丰七年（1084）叶诜等发愿文碑、银佛像、石舍利函、铜镜、钱币、金龙等文物。据考证，窖藏地点正是当年景德禅院所在位置，窖藏为居士叶诜建造转轮藏殿所置。抗金名将宗泽所作《义乌景德禅院新建藏殿记》中记载："至元丰中，居士叶诜崇信佛法，诚谓长者。一旦发念出家，聚材僝工，作转轮以广其度。"碑文字迹清晰，结构平稳端正，转折自然有力度，通篇气势连贯。

◎ 释文

（顶面）

祝延皇帝圣寿万岁。/ 州县官僚六军万姓，/ 天下太平法轮常转。

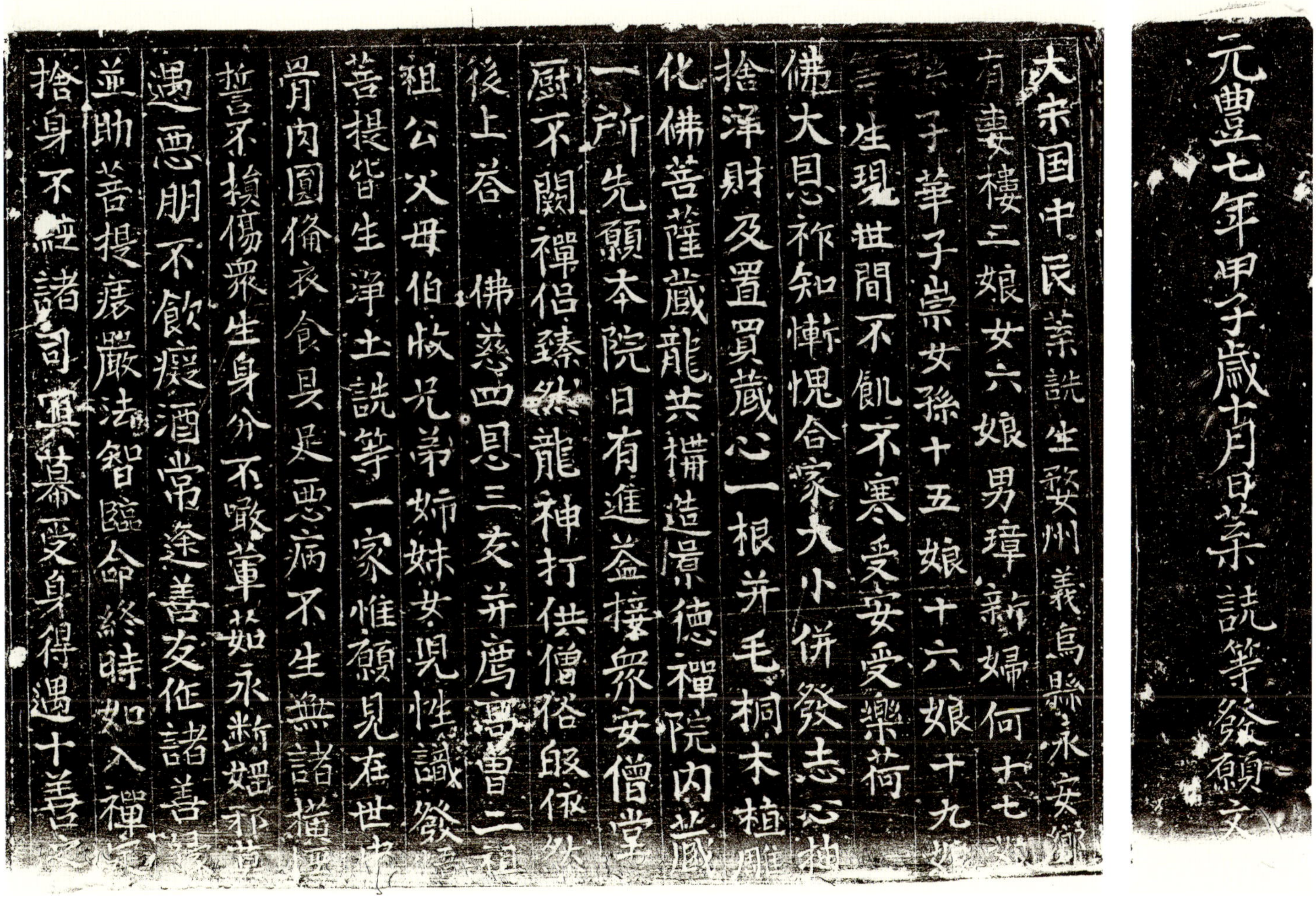

（侧面一）

元丰七年甲子岁十月日叶诜等发愿文。

（正面）

大宋国中民叶诜，生婺州义乌县永安乡，/ 有妻楼二娘，女六娘，男璋，新妇何十七娘，/ 孙子华、子崇，女孙十五娘、十六娘、十九娘 / 等，生现世间，不饥不寒，受安受乐。荷 / 佛大恩祚，知惭愧，合家大小，并发志心，抽 / 舍净财，及置买藏心一根，并毛桐木植，雕 / 化佛菩萨、藏龙，共构造景德禅院内藏 / 一所。先愿本院日有进益，接众安僧，堂厨不阙，禅侣臻然，龙神打供，僧俗皈依。然 / 后上答佛慈，四恩三友，并荐高曾二祖、/ 祖公、父母、伯叔、兄弟、姊妹、女儿性识，发悟 / 菩提，皆生净土。诜等一家，惟愿见在世中，/ 骨肉圆备，衣食具足，恶病不生，无诸横悻，/ 誓不损伤众生身分，不啖荤茹，永断淫邪，莫 / 遇恶朋，不饮痴酒，常逢善友，作诸善缘，/ 并助菩提，装严法智。临命终时，如入禅定，/ 舍身不经诸司冥幕，受身得遇十善之

（背面）

家。僮真出家，男根不坏。奉戒行师资，获早成／僧相。粝食粗衣为料，形若顿悟菩提。具知／佛法，作诸善因。装严法体，得生净土。托莲／花胎，花开见佛。礼敬弥陀，极乐世尊。永承／受记，不退精诚。然复婆娑，普化群品。舍佛／牙并舍利。兴化院赐紫僧赞全同会首兄／叶相，姊念二娘，侄助教叶元圭，侄琳，侄珣，／玄侄宏，子朋、子东、子恭、子忠、子增，曾侄子／能。住持景德禅院山主沙门契海，先师／兄契湜，同募众人贿物材料，建造外／藏，仍及转轮，并同力僧众契安、永严、庆／禧、庆昭、庆尧、庆珠、庆聪、庆徽、庆咸、有询、／有怀、有宣、法普、永惠，起外藏□潘公坚，装／造内藏金易芳。惟愿人人增长福源，各各发／生妙智，永为度世之因，常作安僧之本，／尽能横截娑婆，咸得径生安养。监院有□。

（侧面二）

永明禅院僧惟政书珠，刊字张智。

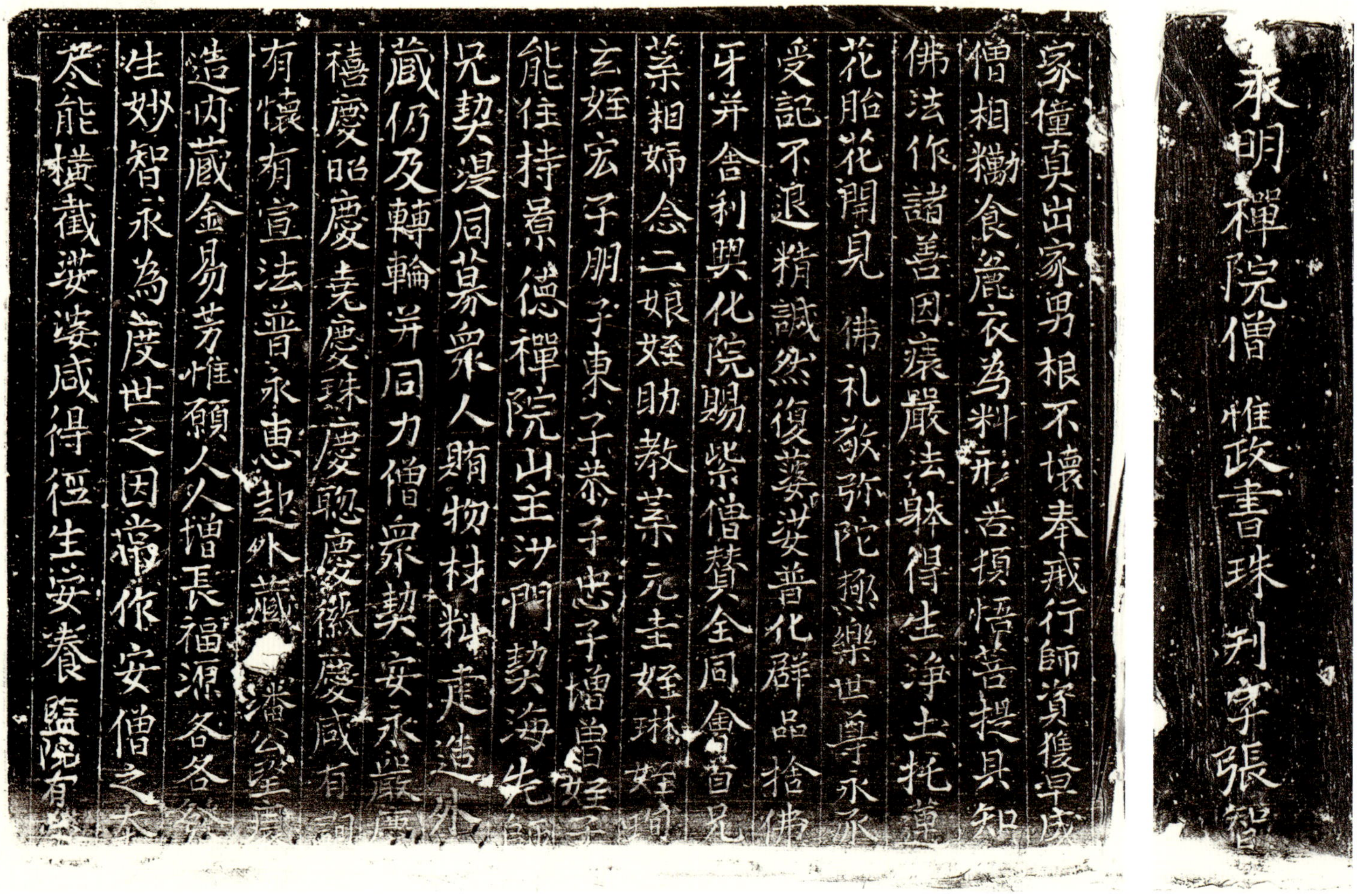

27. 宋元祐八年蔡卞书曹娥碑

纵 155 厘米，横 99 厘米

清拓本，浙江省博物馆藏

东汉年间，人们为颂扬曹娥的美德，纪念她的孝行，立一石碑，名为“曹娥碑”。东汉元嘉元年（151），会稽上虞令度尚为曹娥立碑，邯郸淳作碑文，此碑早年散失。现存的《曹娥碑》系北宋元祐八年（1093）由王安石的女婿蔡卞重书。此碑高 230 厘米，宽 100 厘米，为行楷体，笔力遒劲，笔画劲挺，流畅爽利，以帖写碑，将帖学的形态结字与碑版的厚劲用笔相结合，合二为一，浑然天成。

◎ 释文

后汉会稽上虞孝女曹娥碑 /

上虞县令度尚字博平、弟子邯郸淳字子礼撰。/

蔡邕题其碑阴云：“黄绢幼妇，外孙齑臼。”/

孝女曹娥者，上虞曹盱之女也。其先与周同祖，末胄沉流，爰兹适居。盱能抚节 / 按歌，婆娑乐神。汉安二年五月，时迎伍君。逆涛而上，为水所淹，不得其尸。娥时 / 年十四，号慕思盱，哀吟泽畔，旬有七日，遂自投江死，经五日，抱父尸出。以汉安 / 迄于永嘉青龙辛卯，莫之有表。度尚设祭诔之，词曰：

伊惟孝女，晔晔之姿。偏 / 其反而，令色孔仪。窈窕淑女，巧笑倩兮。宜其家室，在洽之阳。大礼未施，嗟丧慈 / 父。彼苍伊何？无父孰怙！诉神告哀，赴江永号，视死如归。是以眇然轻绝，投入沙 / 泥。翩翩孝女，载沉载浮。或泊洲屿，或在中流。或趋湍濑，或逐波涛。千夫失声，悼 / 痛万余。观者填道，云集路衢。流泪掩涕，惊动国都。是以哀姜哭市，杞崩城隅。或 / 有刻面引镜，剺耳用刀。坐台待水，抱柱而烧。於戏孝女，德茂此俦。何者大国，防 / 礼自修。岂况庶贱，露屋草茅。不扶自直，不斫而雕。越梁过宋，比之有殊。哀此贞 / 励，千载不渝。呜呼哀哉！铭曰：/

名勒金石，质之乾坤。岁数历祀，立庙起坟。光于后土，显照夫人。/ 生贱死贵，利之义门。何怅花落，飘零早兮。葩艳窈窕，永世配神。/ 若尧二女，为湘夫人。时效仿佛，以昭后昆。/

宋元祐八年正月左朝请郎充龙图阁待制知越州军州事蔡卞重书。

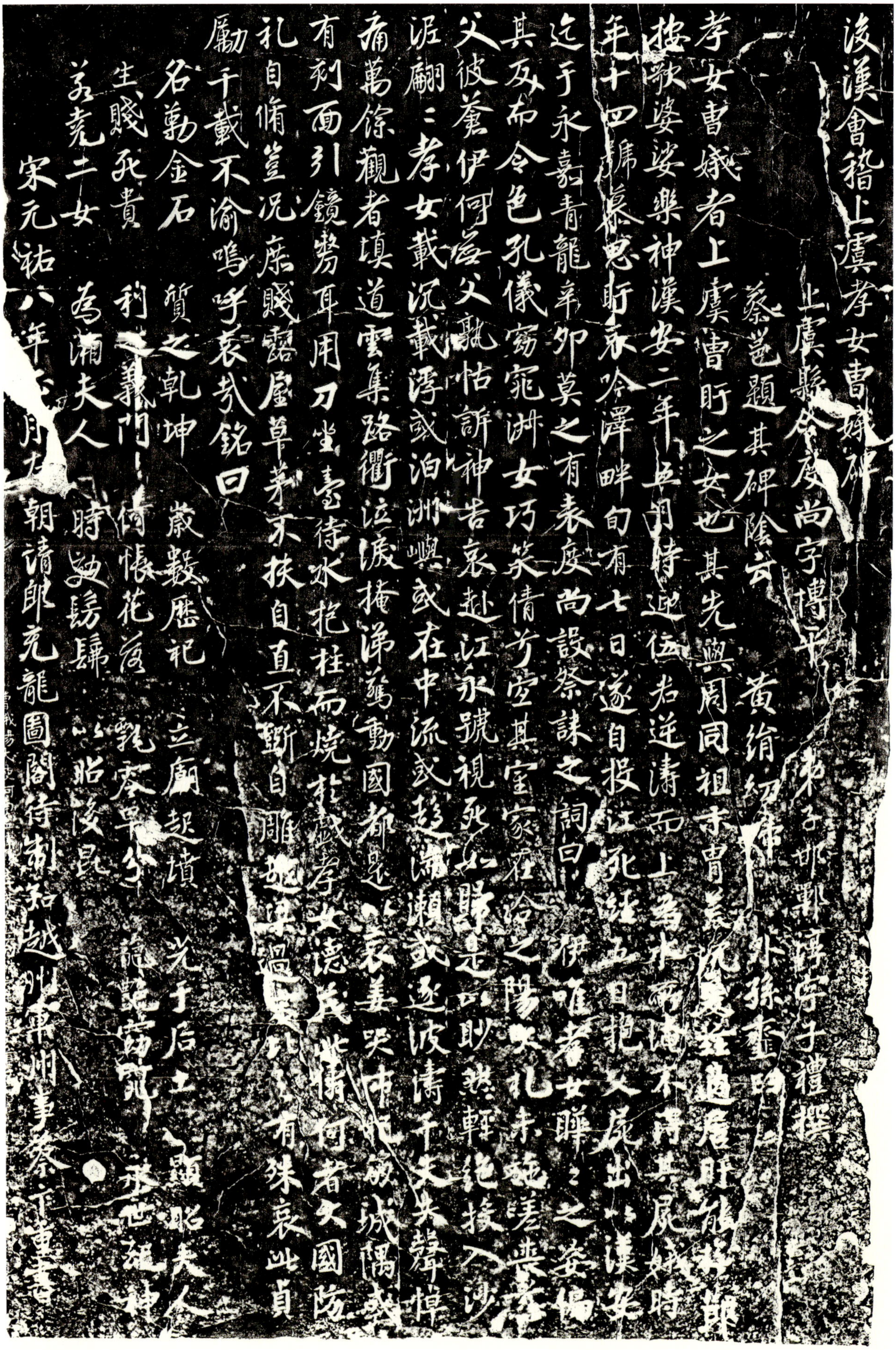

後漢會稽上虞孝女曹娥碑

上虞縣令度尚字博平　弟子邯鄲淳字子禮撰

蔡邕題其碑陰云　黃絹幼婦外孫齏臼

孝女曹娥者上虞曹盱之女也其先與周同祖末胄荒沉爰來適居盱能撫節按歌婆娑樂神漢安二年五月時迎伍君逆濤而上為水所淹不得其屍時娥年十四號慕思盱哀吟澤畔旬有七日遂自投江死經五日抱父屍出以漢安迄于永嘉青龍辛卯莫之有表度尚設祭誄之辭曰伊惟孝女曄曄之姿偏其反而令色孔儀窈窕淑女巧笑倩兮宜其室家在洽之陽大禮未施嗟喪慈父彼蒼伊何無父孰怙訴神告哀赴江永號視死如歸是以眇然輕絕投入沙泥翩翩孝女載沉載浮或泊洲嶼或在中流或趨湍瀨或還波濤千夫失聲悼痛萬餘觀者填道雲集路衢泣淚掩涕驚動國都是以哀姜哭市杞崩城隅或有尅面引鏡剺耳用刀坐臺待水抱柱而燒於戲孝女德茂此儔何者大國防禮自修豈況庶賤露屋草茅不扶自直不斲自彫越梁過宋比之有殊哀此貞厲千載不渝嗚呼哀哉銘曰

名勒金石　質之乾坤　歲數歷祀　立廟起墳　光于后土　顯昭夫人

生賤死貴　利之義門　何悵花落　飄零早分　葩艷窈窕　永世配神

若堯二女　為湘夫人　時效髣髴　以昭後昆

宋元祐八年正月左朝請郎充龍圖閣待制知越州軍州事蔡卞重書

28. 宋宣和三年庄仲修等金仙岩题名（金仙岩方腊碑）

纵 80 厘米，横 60 厘米

当代拓本，衢州市博物馆藏

该题刻位于衢州市樟潭乡红星村金仙岩。金仙岩为天然岩洞，长 30 米，高 5 米，面积约 300 平方米。金仙岩现存可辨识文字的摩崖题记共 37 方，南壁 13 方，北壁 24 方。其中有明确纪年可考的两宋摩崖题记 22 方，以北宋宣和（1119—1125）、南宋绍兴（1131—1162）年间为主。其中这一方北宋宣和三年（1121）庄仲修、秦寿之率军屯驻仙岩洞的题刻，俗称“方腊碑”，记载了北宋镇压方腊起义的历史，部分内容可补史料之缺，十分珍贵。碑文汲北碑之营养，又取汉碑石刻之精华，用笔展锋铺毫，笔力朴厚，结体端方庄重。

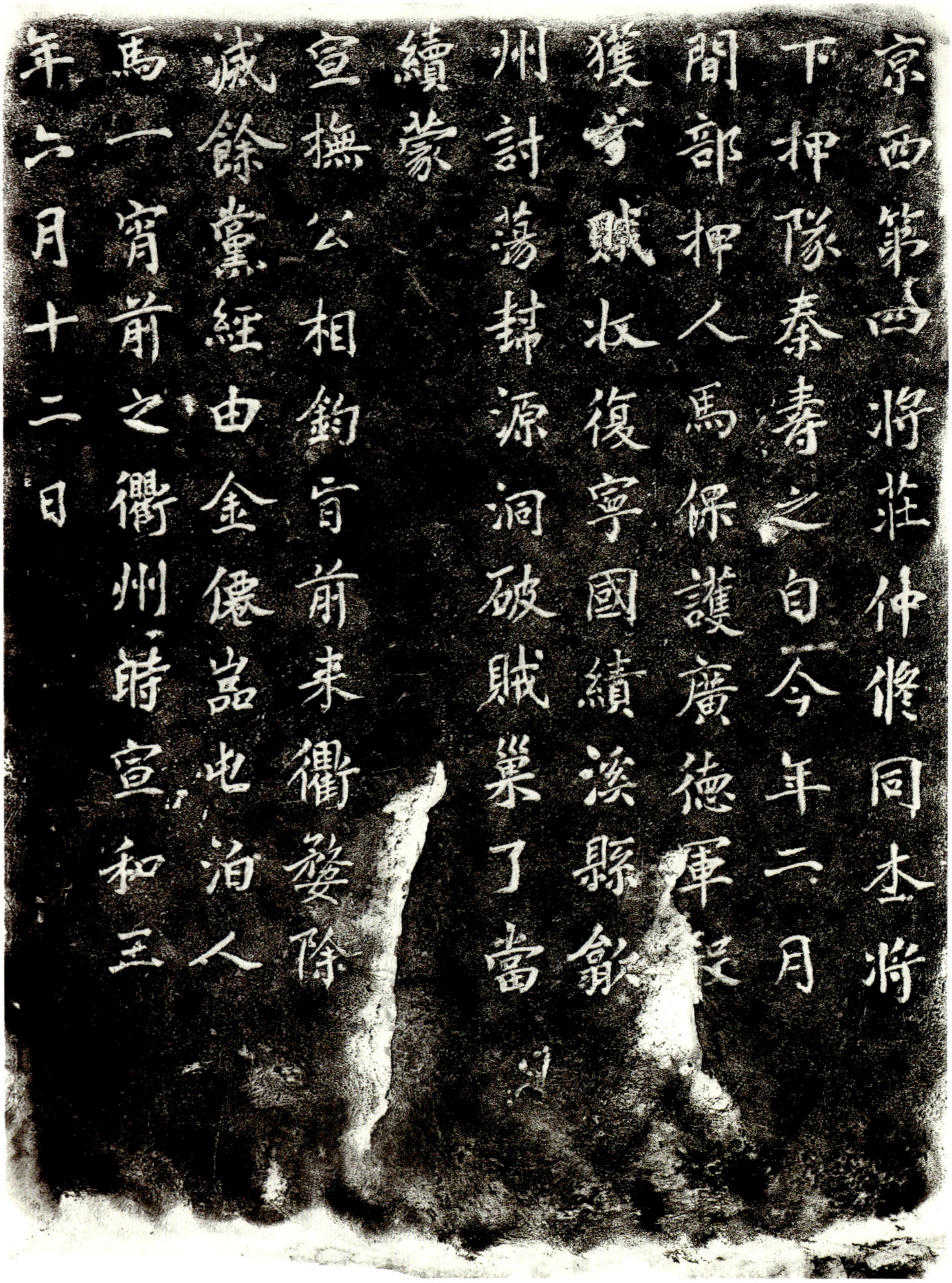

京西第四將莊仲脩同本將
下押隊秦壽之自今年二月
閒部押人馬保護廣德軍殺
獲方賊收復寧國績溪縣歙
州討蕩幇源洞破賊巢了當
續蒙
宣撫公相鈞旨前來衢婺除
滅餘黨經由金僊嵓屯泊人
馬一宵前之衢州時宣和三
年六月十二日

◎ 释文

京西第四将庄仲修，同本将 / 下押队秦寿之，自今年二月 / 间部押人马，保护广德军，杀 / 获方贼，收复宁国绩溪县歙 / 州，讨荡帮源洞，破贼巢了当。/ 续蒙 / 宣抚公相钧旨，前来衢婺除 / 灭余党，经由金仙岩屯泊人 / 马一宵前之衢州。时宣和三 / 年六月十二日。

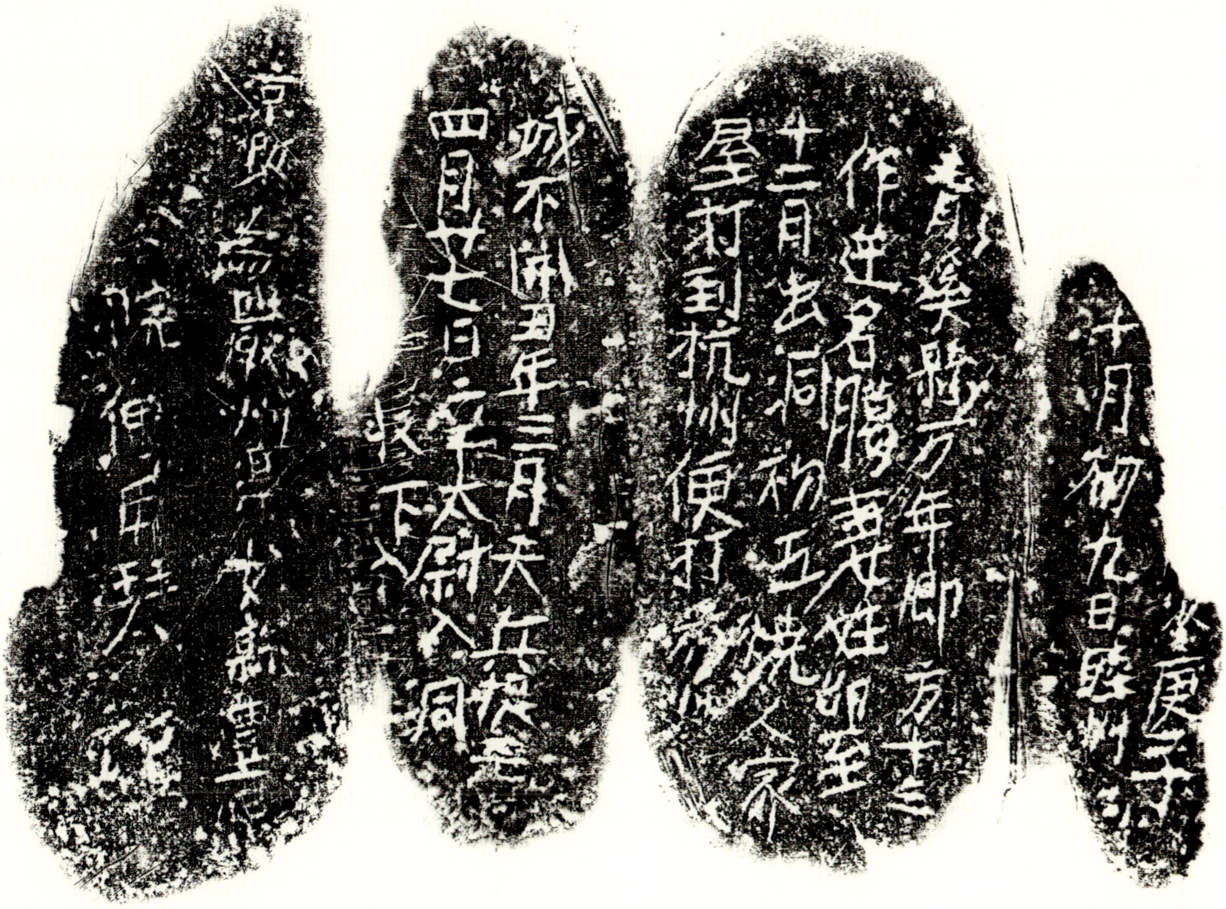

29. 方腊起义刻石

通高 39 厘米

当代拓本，淳安县博物馆藏

1988 年 3 月，淳安县王家源村出土了一块重达 17.75 公斤的天然鹅卵石。该石形态不规整，呈椭圆体，长 39 厘米，四面略作长方形，宽度分别为 16、12、11、16 厘米。四面皆阴刻楷书铭文，共 11 行，内容连贯。刻石记载的关于方腊起义的时间、地点以及义军攻打赵宋王朝州、县的路线，都与史志、宗谱等所记相吻合。僧人用琴刻石，刻技生疏，排列顺序感弱，字迹质朴却真情流露。

◎ 释文

□□□□庚子／十月初九日，睦州／青溪县万年乡方十三／作逆，名腊，妻姓邵。至／十二月出洞，初五烧人家／屋，打到杭州，便打秀州，／城不开。丑年三月，天兵捉焉。／四月廿七日，辛太尉入洞，／收下入／京，改为严州淳安县。丰／源院僧用琴记。

30. 南宋太学石经

纵约 160 厘米，横约 120 厘米

当代拓本，杭州市文物遗产与历史建筑保护中心藏

南宋太学石经现藏于杭州孔庙碑林石经阁内，展存 85 石，其中有《周易》2 石、《尚书》7 石、《毛诗》10 石、《中庸》1 石、《春秋》48 石、《论语》7 石、《孟子》10 石，每石尺寸不等。

南宋初年刊刻儒家经典并立石太学，由秦桧请刻而成。据《建炎以来系年要录》，绍兴十三年（1143）十一月丁卯，"秦桧奏，前日蒙附出御书《尚书》，来日欲宣示侍从官，不惟观陛下书法之妙，又令知陛下圣学不倦如此……时上所写六经与《论语》《孟子》之书皆毕，桧因请刊石于国子监，仍颁墨本赐诸路州学，诏可。"

从绍兴十三年（1143）至淳熙四年（1177），经历高宗、孝宗两朝，南宋太学石经全部刊刻完成，皆为宋高宗亲笔书写（传部分为皇后代书），是全国现存众多石经中唯一御笔亲书的石经。南宋太学石经的内容，深刻反映了南宋逐渐流行尊崇"四书"的思想潮流，体现了官方试图以政治权威引导社会文化思想的举措。

赵构精于书法，善真、行、草书，笔法洒脱婉丽，自然流畅，颇得晋人神韵，他把书法艺术提升到"文物之治"的国策高度，通过字形、线条的变化来体现自己独特的书法审美。南宋太学石经可谓其书法艺术的代表之作，气质醇厚且具有潇洒之态，结体整秀，有晋人法。

《中庸》

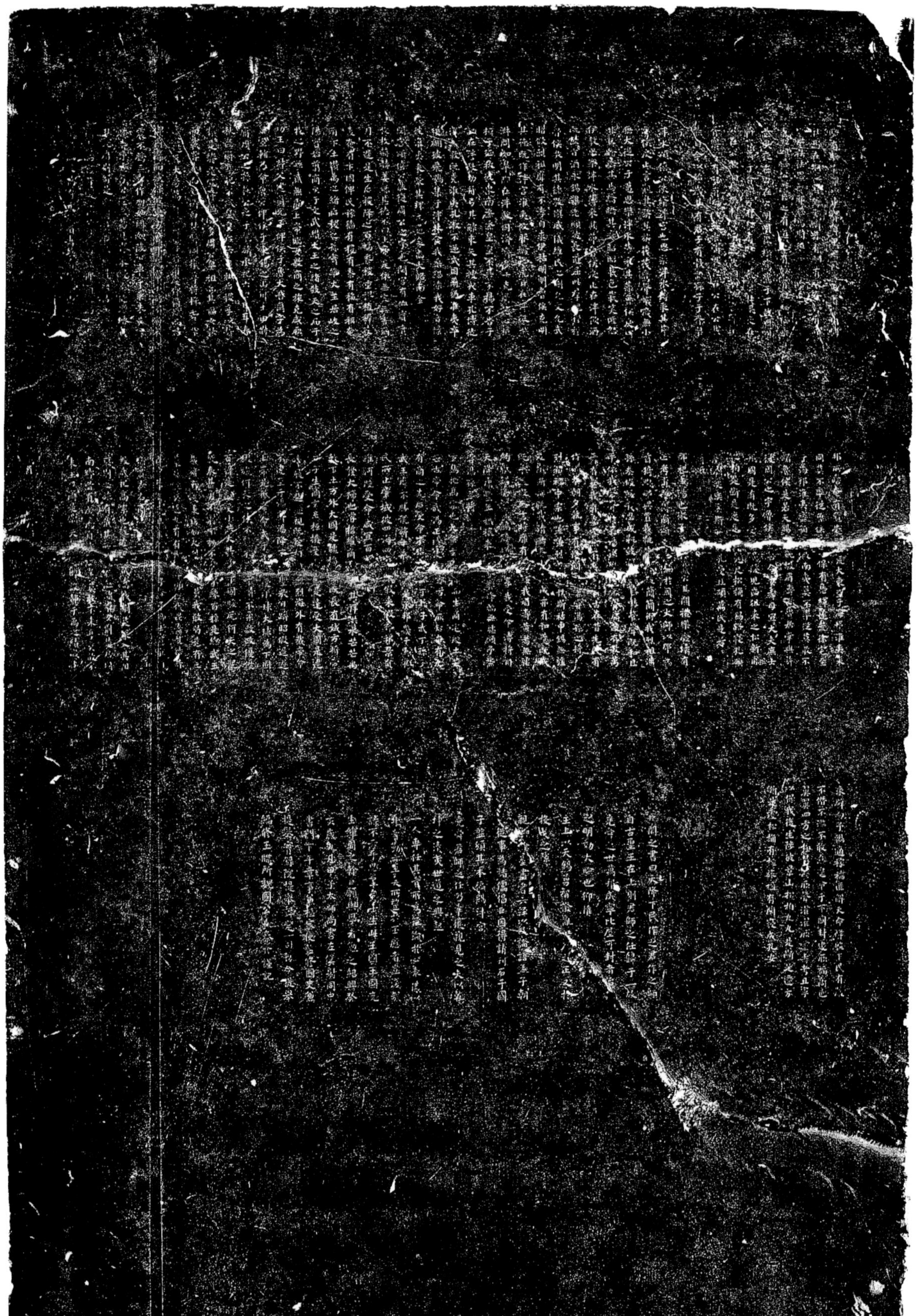

《毛诗》第十三石

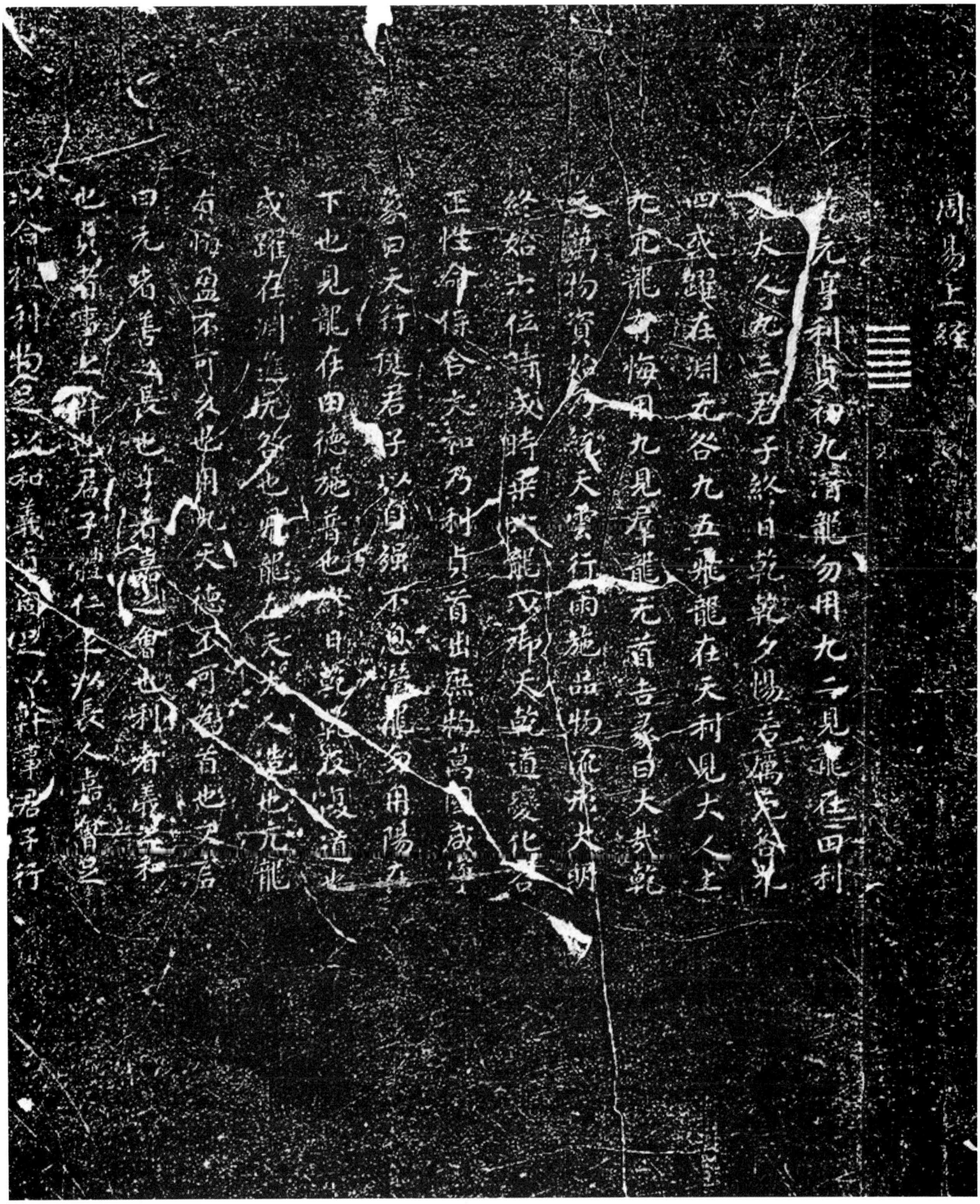

周易上經

乾元亨利貞初九潛龍勿用九二見龍在田利
見大人九三君子終日乾乾夕惕若厲无咎九
四或躍在淵无咎九五飛龍在天利見大人上
九亢龍有悔用九見羣龍无首吉彖曰大哉乾
元萬物資始乃統天雲行雨施品物流形大明
終始六位時成時乘六龍以御天乾道變化各
正性命保合大和乃利貞首出庶物萬國咸寧
象曰天行健君子以自强不息潛龍勿用陽在
下也見龍在田德施普也終日乾乾反復道也
或躍在淵進无咎也飛龍在天大人造也亢龍
有悔盈不可久也用九天德不可為首也文言
曰元者善之長也亨者嘉之會也利者義之和
也貞者事之幹也君子體仁足以長人嘉會足
以合禮利物足以和義貞固足以幹事君子行

《易经》第一石（局部）

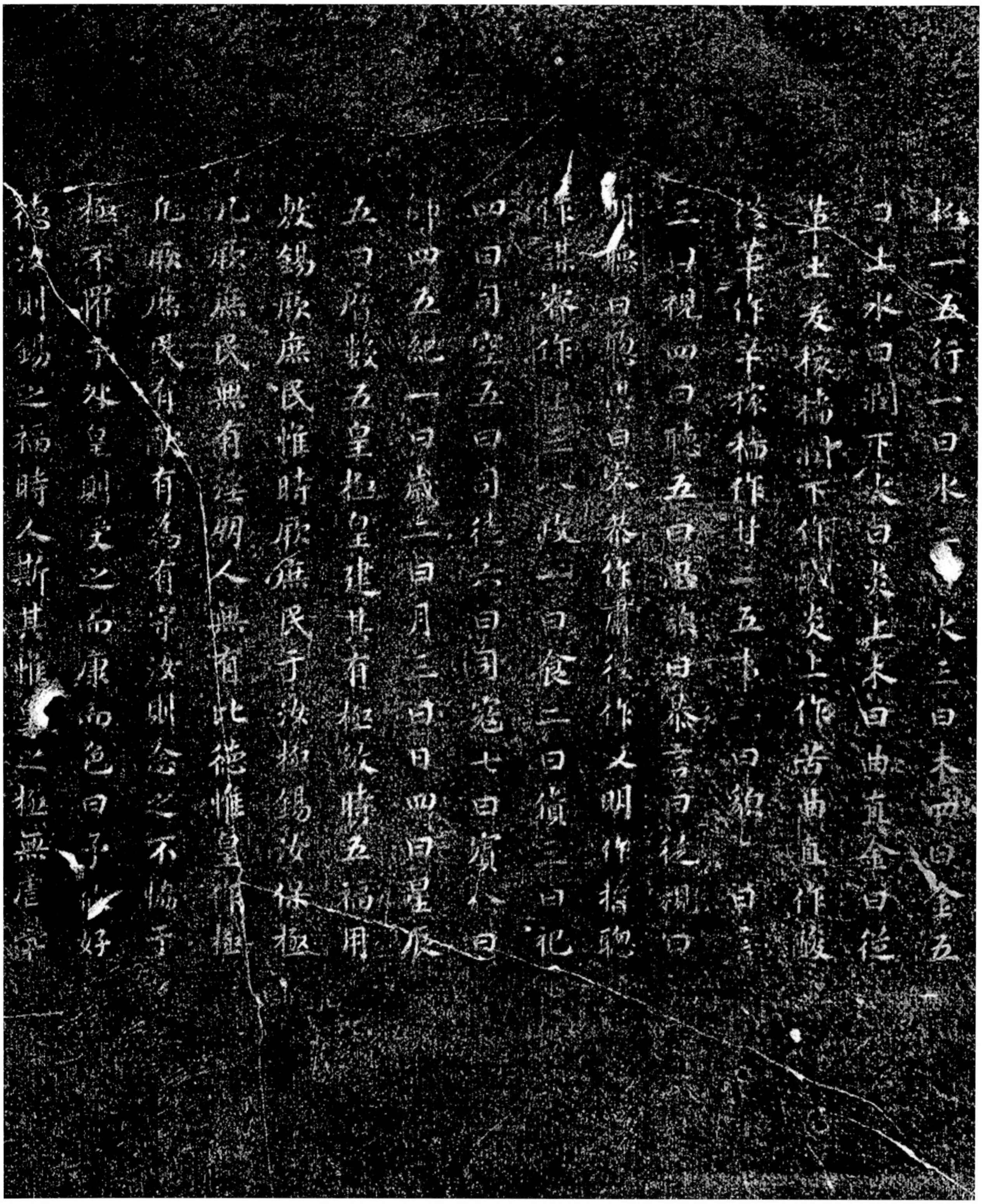
極一五行一曰水二曰火三曰木四曰金五
曰土水曰潤下火曰炎上木曰曲直金曰從
革土爰稼穡潤下作鹹炎上作苦曲直作酸從
革作辛稼穡作甘二五事一曰貌二曰言
三曰視四曰聽五曰思貌曰恭言曰從視曰
明聽曰聰思曰睿恭作肅從作乂明作哲聰
作謀睿作聖三八政一曰食二曰貨三曰祀
四曰司空五曰司徒六曰司寇七曰賓八曰
師四五紀一曰歲二曰月三曰日四曰星辰
五曰曆數五皇極皇建其有極斂時五福用
敷錫厥庶民惟時厥庶民于汝極錫汝保極
凡厥庶民無有淫朋人無有比德惟皇作極
凡厥庶民有猷有為有守汝則念之不協于
極不罹于咎皇則受之而康而色曰予攸好
德汝則錫之福時人斯其惟皇之極無虐煢

《尚书》第五石（局部）

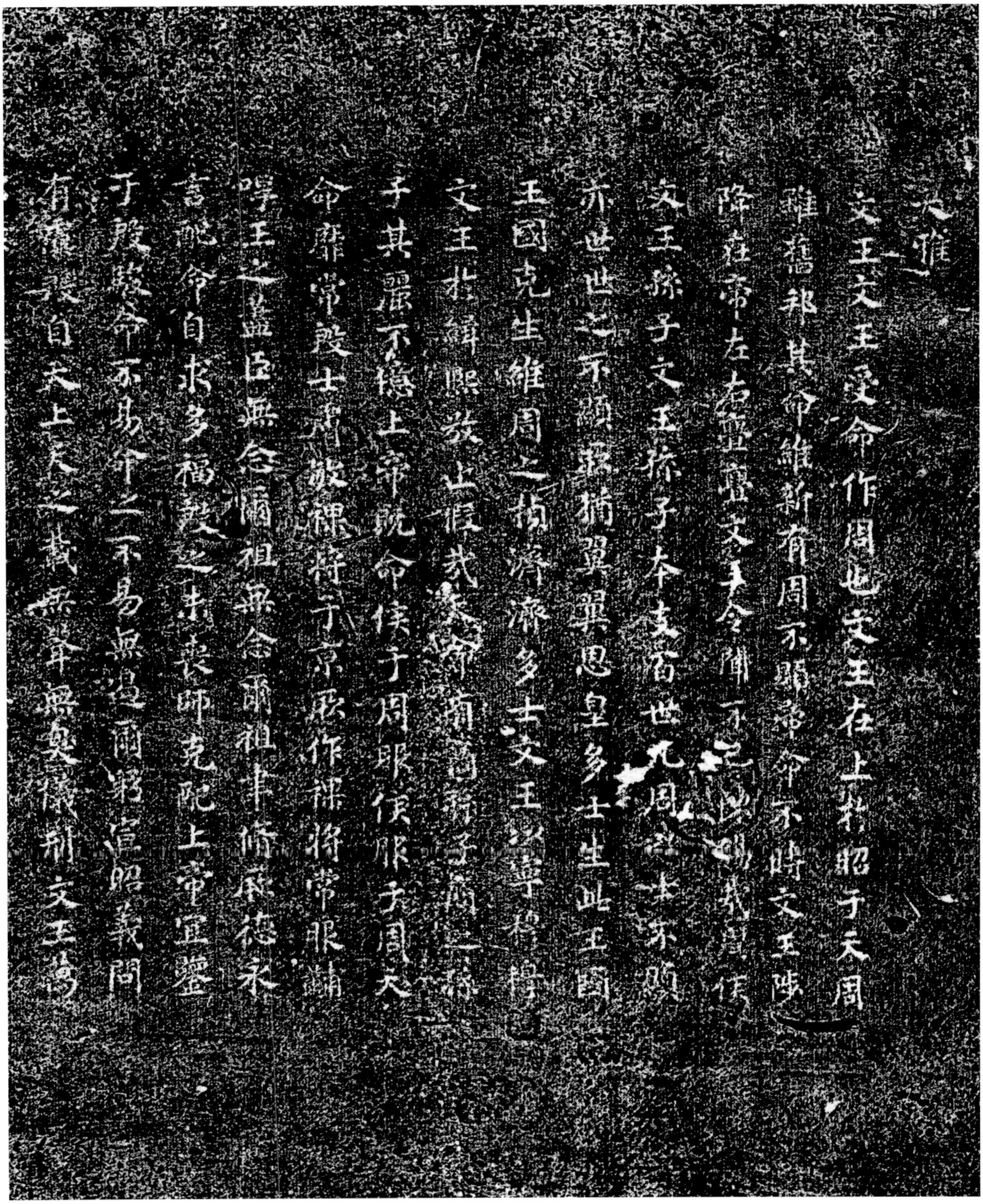
大雅
文王 文王受命作周也 文王在上於昭于天周
雖舊邦其命維新有周不顯帝命不時文王陟
降在帝左右亹亹文王令聞不已陳錫哉周侯
文王孫子文王孫子本支百世凡周之士不顯
亦世世之不顯厥猶翼翼思皇多士生此王國
王國克生維周之楨濟濟多士文王以寧穆
文王於緝熙敬止假哉天命有商孫子商之孫
子其麗不億上帝既命侯于周服侯服于周天
命靡常殷士膚敏祼將于京厥作祼將常服黼
冔王之藎臣無念爾祖無念爾祖聿脩厥德永
言配命自求多福殷之未喪師克配上帝宜鑒
于殷駿命不易命之不易無遏爾躬宣昭義問
有虞殷自天上天之載無聲無臭儀刑文王萬

《毛诗》第十石（局部）

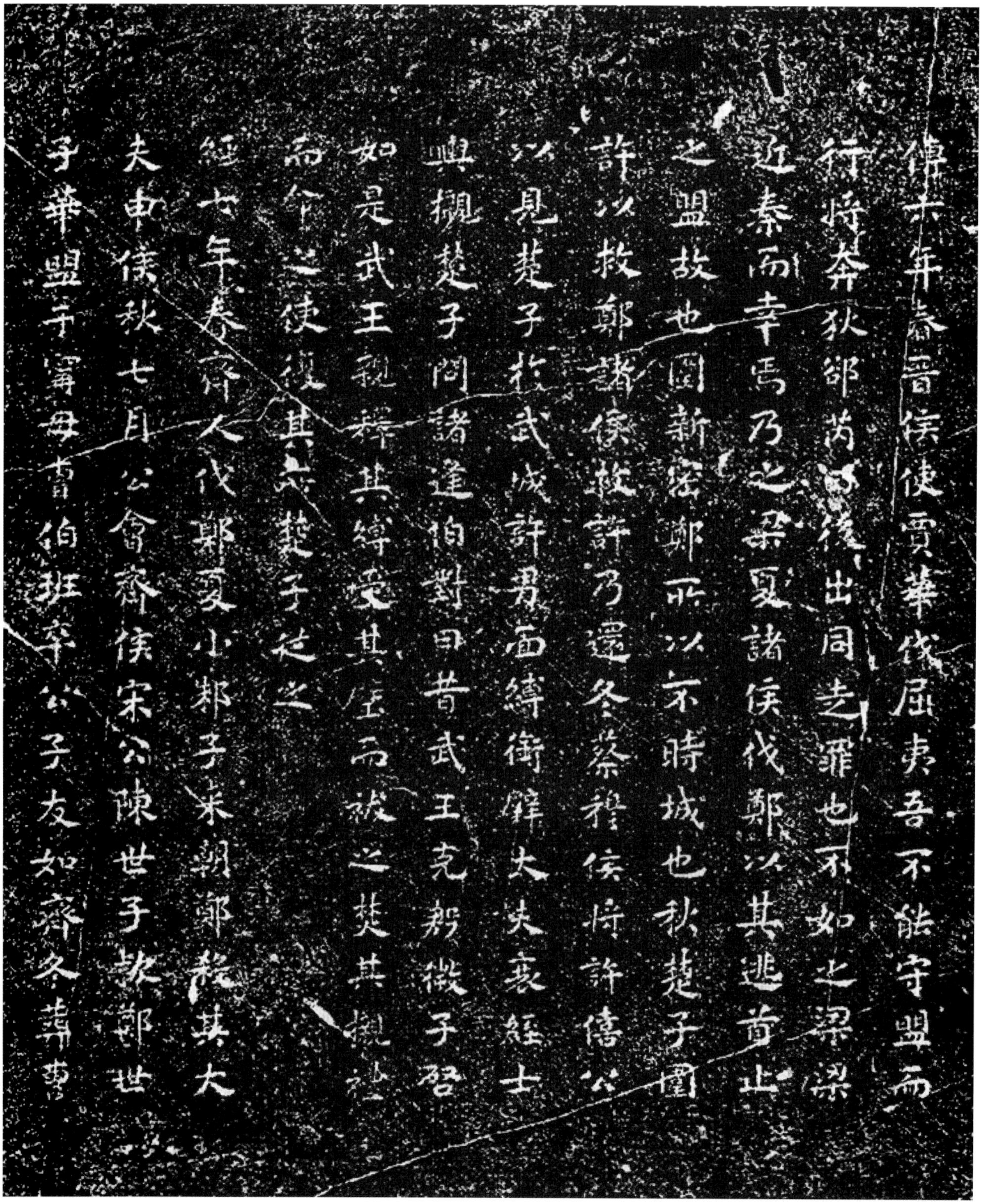
傳六年春晉侯使賈華伐屈夷吾不能守盟而
行將奔狄郤芮曰後出同走罪也不如之梁梁
近秦而幸焉乃之梁夏諸侯伐鄭以其逃首止
之盟故也圍新密鄭所以不時城也秋楚子圍
許以救鄭諸侯救許乃還冬蔡穆侯將許僖公
以見楚子於武城許男面縛銜璧大夫衰絰士
輿櫬楚子問諸逢伯對曰昔武王克殷微子啓
如是武王親釋其縛受其璧而祓之焚其櫬禮
而命之使復其所楚子從之
經七年春齊人伐鄭夏小邾子來朝鄭殺其大
夫申侯秋七月公會齊侯宋公陳世子款鄭世
子華盟于甯母曹伯班卒公子友如齊冬葬曹

《春秋》第八石（局部）

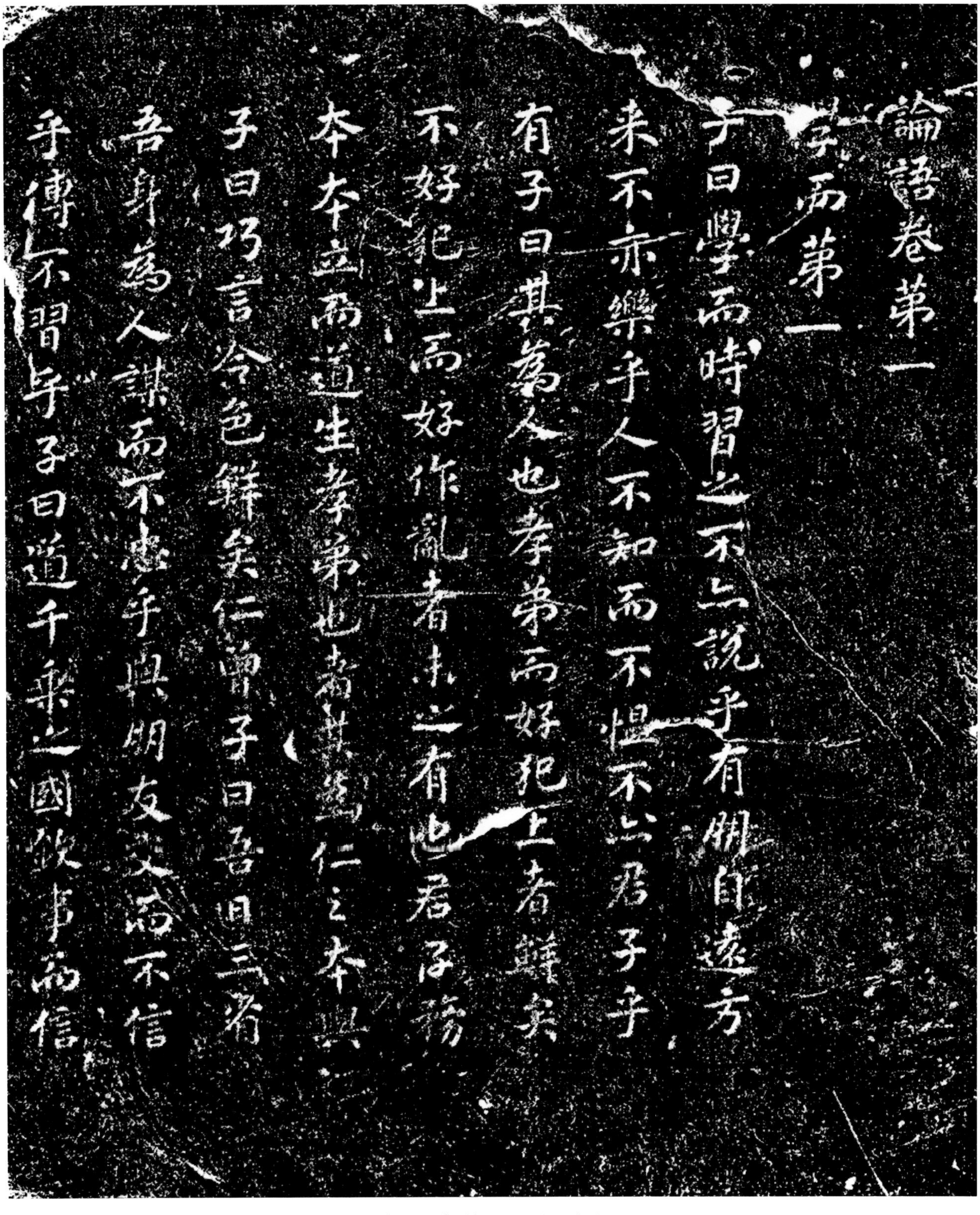

論語卷第一
學而第一
子曰學而時習之不亦說乎有朋自遠方
來不亦樂乎人不知而不慍不亦君子乎
有子曰其為人也孝弟而好犯上者鮮矣
不好犯上而好作亂者未之有也君子務
本本立而道生孝弟也者其為仁之本與
子曰巧言令色鮮矣仁曾子曰吾日三省
吾身為人謀而不忠乎與朋友交而不信
乎傳不習乎子曰道千乘之國敬事而信

《论语》第一石（局部）

31. 南宋孔子及七十二弟子像赞石碑

纵 45.5 厘米，横 125 厘米

当代拓本，杭州市文物遗产与历史建筑保护中心藏

原有 15 石，今存 14 石，南宋绍兴二十六年（1156）刻。北宋著名画家李公麟画像，南宋高宗赵构撰文并书。原刻像 73 人，今存 65 人。孔子以坐像呈现，弟子为立像。每像右上或左上刻像主之姓名、字、本籍及赠号，下刻宋高宗撰四言八句赞词，唯孔子赞为四言十二句。卷后原有秦桧跋文，后为明吴讷磨去，代以宣德二年（1427）题记 21 行，清人附记 5 行。此组圣贤像石刻古泽盎然，气息雅正。人物图像以阴线刻为主，延续了“白描”风格，用线条勾画人物。石刻整体线条细劲，用笔圆融，较少方折，近高古游丝描，同时还关注到不同图像的不同质感，相应调整线条。

◎ 释文

（序文）

朕自睦邻息兵，首开学校，教养多士，以遂忠良。继幸太学，延见诸生，/济济在庭，意甚嘉之，因作/《文宣王赞》。机政余闲，历取颜回而下七十二人，亦为制赞。用广/列圣崇儒右文之声，复知“师弟子间缨弁森森、覃精绎思”之训，其于治/道心庶几焉。

孔丘，字仲尼，鲁人，开元廿七年制追谥为/文宣王。

大哉宣圣，斯文在兹。帝王之式，古今之师。/志则春秋，道由忠恕。

贤于尧舜，日月其誉。/维时载雍，戢此武功。肃昭盛仪，海寓聿崇。

（七十二弟子像赞略）

（跋文）

右宣圣及七十二弟子赞，宋高宗制并书，其像/则李龙眠麟所画也。高宗南渡，建行宫于杭。绍/兴十四年正月，始即岳飞第作太学。三月临幸，/首制先圣赞，后自颜渊而下亦撰辞以致褒崇/之意。二十六年十二月刻石于学，附以太师、尚/书左仆射、同中书门下平章事兼枢密使秦桧/记。桧之言有曰:“孔圣以儒道设教，弟子皆无邪/杂背违于儒道者。今搢绅之习，或未纯乎儒术，/顾驰狙诈权谲之说，以侥幸于功利。”其意盖为/当时言恢复者发也。呜呼！靖康之祸，二帝蒙尘，/汴都沦覆，当时臣子正宜枕干尝胆，以图恢复，/而桧力主和议，攘斥众谋，尽指一时忠义之言/为狙诈权谲之论。先儒朱熹谓其倡邪说以误/国，挟虏势以要君，其罪上通于天，万死不足以/赎者是也。昔龟山杨先生时尝建议罢王安石/孔庙配享，识者韪之。讷一介书生，幸际/圣明，备员风纪。兹于仁和县学得观石刻，见桧之/记尚与图赞并存，因命磨去其文，庶使邪诐之/说、奸秽之名不得厕于圣贤图像之后。然念流/传已久，谨用备识，俾后览者得有所考云。/宣德二年岁在丁未秋七月朔，巡按浙江监察御史海虞吴讷识。教谕林贤、训导刘数摹勒于石。

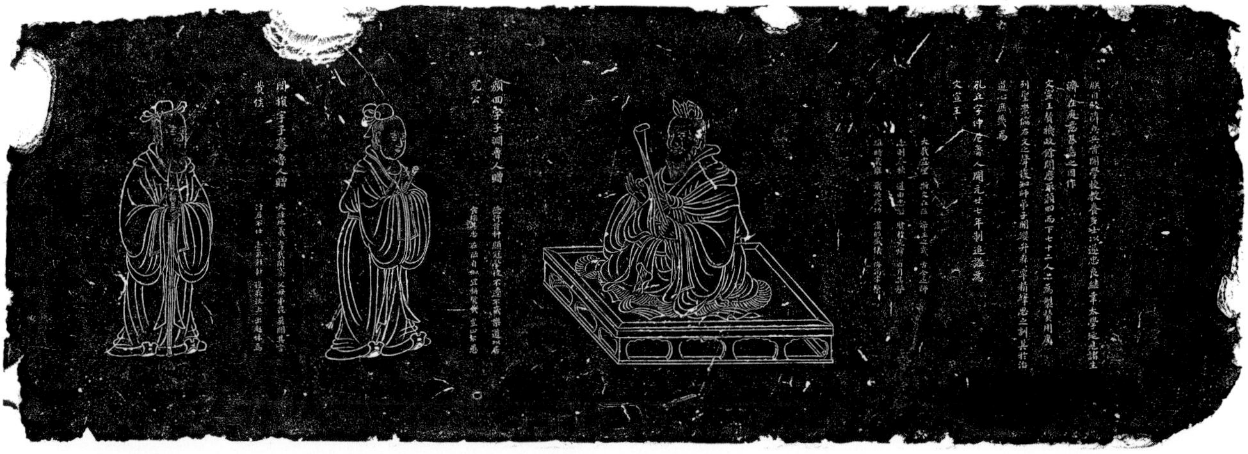

右宣聖及七十二弟子贊宋高宗製并書其像
則李龍眠所畫也高宗南渡建行宮于杭紹
興十四年正月始即岳飛第作太學三月臨幸
首製先聖贊後自顏淵而下亦譔辭以致褒崇
之意二[illegible]月刻石于學附以太師尚
書左僕射同中書門下平章事兼樞密使秦檜
記檜之言有曰孔聖以儒道設教弟子皆無邪
雜背違於儒道者今搢紳之習或未純乎儒術
顧馳狙詐權譎之說以僥倖於功利[illegible]嗚
當時言恢復者發也嗚呼靖康之禍二帝
汴都淪覆當時臣子正宜枕干嘗膽以圖恢復
而檜力主和議擯斥衆謀盡指一時忠義之言
為狙詐權譎之論先儒朱熹謂其倡邪說以誤
國挾虜勢以要君其罪上通于天萬死不足以
贖者是也昔龜山楊先生時嘗建議罷王安石
孔廟配享識者韙之訥一介書生幸際
聖明備員風紀茲於仁和縣學得覩石刻惡檜之
記尚與圖贊並存因命磨去其文庶使邪詖之
說姦穢之名不得廁于聖賢圖像之後以絕流
傳已久謹用備識俾後覽者得有所考云
宣德二年歲在丁未秋七月朔巡按浙江監察御史海虞吳訥識

32. 敕赐开化之寺碑

纵 230 厘米，横 107.5 厘米

清拓本，浙江省博物馆藏

碑位于杭州六和塔第一层内回廊。碑额隶书“敕赐开化之寺”六字。碑身四截刻，第一、二截为南宋隆兴二年（1164）十二月尚书省牒，第三截刻隆兴元年（1163）七月和隆兴二年（1164）十二月的尚书省札付，第四截刻乾道元年（1165）十二月临安府帖。四份公文均钤印章，有押。总计 66 行。碑文提到月轮山六和塔开化寺原有“敕黄文字，昔缘兵火烧毁不存。欲望特赐给降敕黄，付智昙住持”，碑文为朝廷特赐月轮山六和塔开化寺额的尚书省牒，并提到了六和塔在北宋末年因方腊烧毁，片瓦不存，以致江潮汹涌，舟楫失利。于绍兴二十二年（1152）十一月内奉圣旨，“塔庙令礼部看详兴工，令临安府、转运司同共措置”。但住持僧智昙重修塔时未“申请官中钱物，并是智昙用自己衣钵、教化钱物建置”，呈请朝廷以后减免科派。朝廷特下文至临安府转发钱塘、仁和县僧司，照会施行。碑文采用了隶书、行书、楷书三种不同书体，在布局上也别具特色，碑额隶书沉稳严谨，牒文行书遒劲似游龙，间以分布规整、结字方正的楷书，体现严谨官方属性的同时又饱含自由洒脱的书法风尚。

◎ 释文

敕赐开化之寺（碑额）

尚书省牒 /

月轮山六和塔开化寺住持、讲唯识因明等论僧智昙状：切念 / 开化寺旧有六和塔一座，永镇江潮。后缘方贼烧毁，片瓦不存，/ 遂致江潮泛涨，居民不安，舟楫失利。绍兴二十二年十一月内 / 臣寮上言，三省同奉 / 圣旨：“塔庙令礼部看详兴工，令临安府、转运司同共措置。”后于 / 绍兴二十六年，智昙蒙临安府给帖，住持修建。且智昙不愿申 / 请官中钱物，材料、木植并是自己衣钵，并教化檀越乐施钱物。/ 今来已建七层，院宇百间，将欲成就。委是，江潮平善，舟楫无虞。/ 切缘开化寺元有敕黄文字，昔缘兵火烧毁不存。欲望特赐给 / 降敕黄付智昙住持。伏候 / 指挥。/ 牒奉 / 敕，宜赐开 / 化寺为额。牒 / 至，准 / 敕故牒。

隆兴二年十二月日牒（押印：尚书省印）

同签书枢密院事兼权参知政事虞（押）

签书枢密院事兼权参知政事钱（押）

少保尚书左仆射同中书门下平章事（免押）

开化寺六和塔住持、讲因明唯识等论僧智昙状：伏睹临安/府开化寺六和塔，开宝四年请□□□创建斯塔，以镇压江潮。/后因方腊烧毁，片瓦不存，遂致江潮汹涌，舟楫失利。于绍兴/二十二年十一月内奉/圣旨："塔庙令礼部看详兴工，令临安府、转运司同共措置。至/绍兴二十六年内，蒙临安府委官劝请给帖，付智昙住持修/建。当时不愿申请官中钱物，并是智昙用自己衣钵、教化钱/物建置。今来宝塔垂成在即，委是江潮平善，舟楫无虞。欲望/特与本寺蠲免日后措借科敷及指占安泊。伏候/指挥。七月二十六日奉/圣旨特依。/右札付开化寺。

乾道元年七月日（押印：尚书省印）

月轮山六和塔开化寺住持、讲唯识因明等论僧智昙状：切/念开化寺旧有六和塔一座，永镇江潮。后缘方贼烧毁，片瓦/不存，遂致江潮泛涨，居民不安，舟楫失利。于绍兴二十二年/十一月内臣寮上言，三省同奉/圣旨："塔庙令礼部看详兴工，令临安府、转运司同共措置。"后/于绍兴二十六年，智昙蒙临安府给帖住持修建。且智昙不/愿申请官中钱物，材料、木植并是自己衣钵，并教化檀越乐/施钱物。今来已建七层，院宇百间，将欲成就。委是江潮平善，/舟楫无虞。切缘开化寺元有敕黄文字，昔缘兵火烧毁不存。/欲望特赐给降敕黄付智昙住持。伏候/指挥。闰十一月二十八日奉/圣旨，依所乞。/右札付僧智昙。

隆兴二年十二月一日（押印：尚书省印）

军府/准尚书省札子，开化寺六和塔住持、讲因明唯识等论僧/智昙状：伏睹临安府开化寺六和塔，开宝四年请□□师/创建斯塔，以镇江潮。后因方腊烧毁，片瓦不存，遂致江潮/汹涌，舟楫失利。于绍兴二十二年十一月内奉/圣旨："塔庙令礼部看详兴工，令临安府、转运司同共措置。"/至绍兴二十六年内，蒙临安府委官劝请给帖，付智昙住/持修建。当时不愿申请官中钱物，并是智昙用自己衣钵、/教化钱物建置。今来宝塔垂成在即。委是江潮平善，舟楫/无虞。欲望特与本寺蠲免日后措借科敷及指占安泊。伏候/指挥。七月二十六日奉/圣旨特依。右札付临安府者。/右除已帖钱塘、仁和县僧司，仰遵依已降/圣旨指挥施行外，今帖开化寺六和塔仰照会。乾道元年八/月初二日帖。（押印：临安府印）

使

敕賜開化之寺

33. 重修智者广福禅寺碑

双面，纵 210 厘米，横 103.5 厘米

清拓本，浙江省博物馆藏

南宋宁宗嘉泰三年（1203），著名爱国诗人陆游应金华北山智者寺住持仲玘之约，为重修智者寺撰文并书写该碑。碑阳楷书 626 字，记录了智者寺的历史和重建过程，并盛赞仲玘的才智和气局，是关于智者寺的重要文献资料，也是陆游晚年唯一存世的石刻作品。同时，碑阴尚刻有陆游与仲玘手札八件，字体为行草书，记载了陆游与仲玘就智者寺碑的规格布局、碑文落款、刻碑工艺等细节进行的深入探讨。碑文在笔法上深得唐代草书大家张旭、怀素之三昧，在笔意上深受苏轼、黄庭坚等的影响，笔势则是自己疏放的风格。

◎ 释文（碑阳）

重修智者广福禅寺记（碑额）

婺州金华山智者广福禅寺，浮屠氏所谓楼约法师道场。/

国朝开宝九年，始为禅寺。自净悟禅师全肯，传三十七代、二百余年。至庆元之五年，仲玘实来。方/是时，事废不举，地茀不粪，栋桡柱腐，垣断甃缺，若不可复为者。玘植杖而四顾曰："智者之为寺，天造地/设者至矣，而人事不能充焉，故浸坏至于此。天其使我兴此地欤？"乃诹诸为地理学者，则其言与玘/略合。盖寺在金华山之麓，峰嶂屹立，林岫间出，日月映蔽，风云吞吐，而前之形势无以留之，如王公/大人南向坐帷幄中，宜其前有列鼎大牲之养，盛礼备乐之奉，宾客进趋，摈相襜翼，将吏武士执楇/孰何，然后为称。今乃巍然独坐，而侍卫者皆奔趋而去，则其威重无乃少损乎？于是始议凿大池，潴/水于门梁，其上达于大路，而增门之址，高于故三之二。异时所谓奔趋而去者，皆肃然就列，恪然执/事。则王公大人之尊，于是始全。则其施置建立，号令赏罚，亦何可少？訾郎方议之初，或谓门有大木/数十，必尽去乃可兴池役。而木所从来久，以是未决。忽一夕大风，木尽拔，若有鬼神相其役者，其亦/异矣。玘之来，百役皆作，修廊杰阁，虚堂广殿，至于栖众养老之室，庖湢帑庾之所，缭为垣墙，引为道/路，莫不美于观而便于事，后虽有能者，无以加焉。玘有道行，为其徒所宗，而才智器局又卓然不凡如此，/故荐绅多喜道之。予又与有夙，昔且尝记其严州南山兴造之盛，故玘今又从予求《智者兴造/记》。而予友人宁远军节度使、提举佑神观姜公邦杰，复以手书助之请。未及属稿而邦杰殁，予尤感/焉，虽耄不敢辞也。今兹之役，池为大，故书之特详。嘉泰三年十月甲子，大中大夫充宝谟阁待/制、提举江州太平兴国宫、山阴县开国子、食邑五百户、赐紫金鱼袋陆游撰并书。保静军节度使、知/婺州军州兼管内劝农使、齐安郡开国侯、食邑一千七百户、食实封二百户吴琚题额。

重修智者廣福禪寺記

◎ 释文（碑阴）

（第一栏）

上婺州（印文：陆游）

大中大夫、充宝谟阁待制、提举江州太平兴国宫陆游谨封。（印文：陆游）

智者堂头禅师 / 顿首。智者玘公禅师□□□。

游顿首，伏被 / 手帖，获闻 / 动静，深以为尉。/ 开谕院记，谨已具稿，今 / 遣优婆塞归，拜呈，不 / 知可用否。老病无复佳 / 思，惶恐惶恐。此乃令人写 / 本，若欲恶札，却须 / 示及，当为作之。仍告写及 / 题额人、衔位、姓名，若要写 / 守倅衔，亦须示及。当为一手 / 写去，切不可令它人书（写本不难，不过五日事耳）。向来 / 南山只为如此，故曾致虑，/ 不免重刻，切望少 / 留神，仍丁宁知事也。未即 / 会聚，万万为 / 道，珍厚不宣。游顿首。/ 智者玘公禅师友旧。/ 十一月八日。

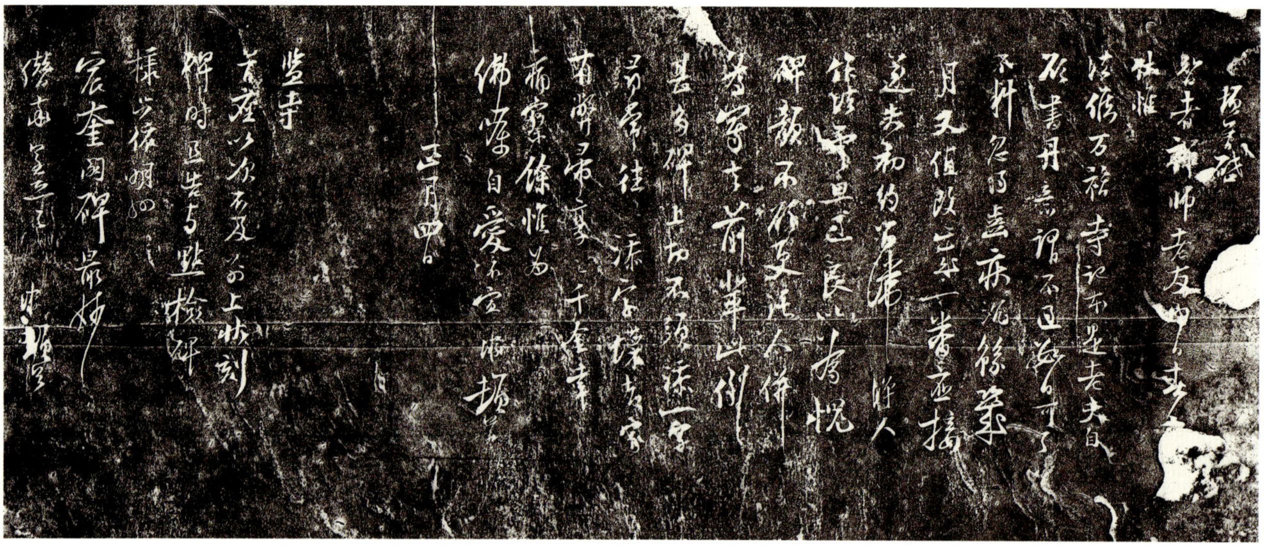

（第二栏）

顿首。启 / 智者禅师老友。即日春寒，/ 伏惟 / 法候万福。寺记本是老夫自 / 欲书丹，意谓不过数日可了。/ 不料忽得齿疾，沉绵岁 / 月。又值改岁，一番应接，/ 遂失初约，留滞净人。/ 昨法云忽过，良以为愧。/ 碑额不欲更托人，并 / 为写去。前辈此例 / 甚多。碑上切不须添一字，/ 寻常往往添字坏却。家 / 有敝帚，享之千金，幸 / 痛察。余惟为 / 佛嘱自爱，不宣。游顿首。/ 正月四日。

监寺 / 首座以次，不及别上状。刻 / 碑时且告与点检。碑 / 样只依明州 / 宸奎阁碑最妙。/ 僭率，惶恐惶恐。游顿首。

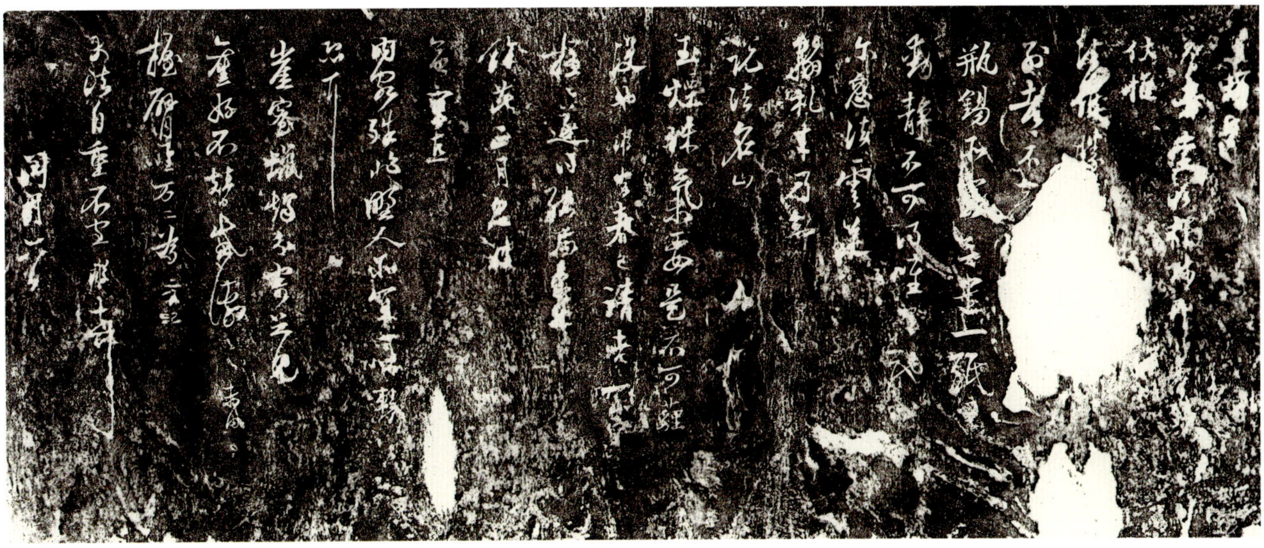

（第三栏）

游顿首／智者堂头禅师。即日春残，伏惟／法候胜……／别却不知……／瓶锡所寓，无遣一纸问，／动静不可得，唯有驰心／尔。忽法云送／翰札来，乃知／说法名山，／玉烟珠气，要是不可埋／没也。游去春已请老，一生扰扰，／遂得结局，尽出／余茈。正月，忽被／命寓直／内阁，殊非野人所宜，一味惭／恐耳。／崖蜜蜡烛分寄，足见／旧好不替，感激感激。未由／握臂，唯有万万为□。／大法自重不宣。游顿首。／闰月六日。

（第四栏）

游顿首。忽奉／诲帖，欣承苦寒，／法候万福。老病日侵，／度不能久住世间，且随／缘过日耳。／下谕法衣急作字泽师，／几为九峰所取。幸稍／早数日，已令径附来使／纳去，想便／升座于人天众前，分／以披挂也。崖蜜石芥／佳惠，然自此切罢信物，／庶全道气，已屡咨白矣。／春事鼎来，为／道自重。不宣。游再拜／南山禅师老友侍者。

游顿首。适承／临访，荷／千里命驾之意，殆不胜言。／晚刻，伏惟／道体万福。来日辄具汤／饼相屈，少款／诲益，切／勿拒也。匆匆不宣。游再拜／南山禅师故人足上。

（第五栏）

游顿首。秋暑正□，/法候万福。久不□/问，徒有驰系。日来衲子/必更云集，夏中有见/人打发。老拙□衰，不/能响屧修廊，炷香/丈室也。偶丘子行/□□□候动静，/唯翼为法珍重。/不宣。游顿首。/智者寺禅师老兄。/七月十三日。

游顿首启：伏被/诲墨，欣承即日/尊候辞贫，但深愧万福。/名山/大乘师，宜得大笔登载，然后/宜称。/事伟辞贫，但深愧负。/风土之宜，敬已下拜矣。以□不必/讲此，白头尚如新耶？石工亦甚/佳，小简尤不足传，读之赧然。/正暑，万万/为道□重。不宣。游顿首上/智者禅师老友侍者。

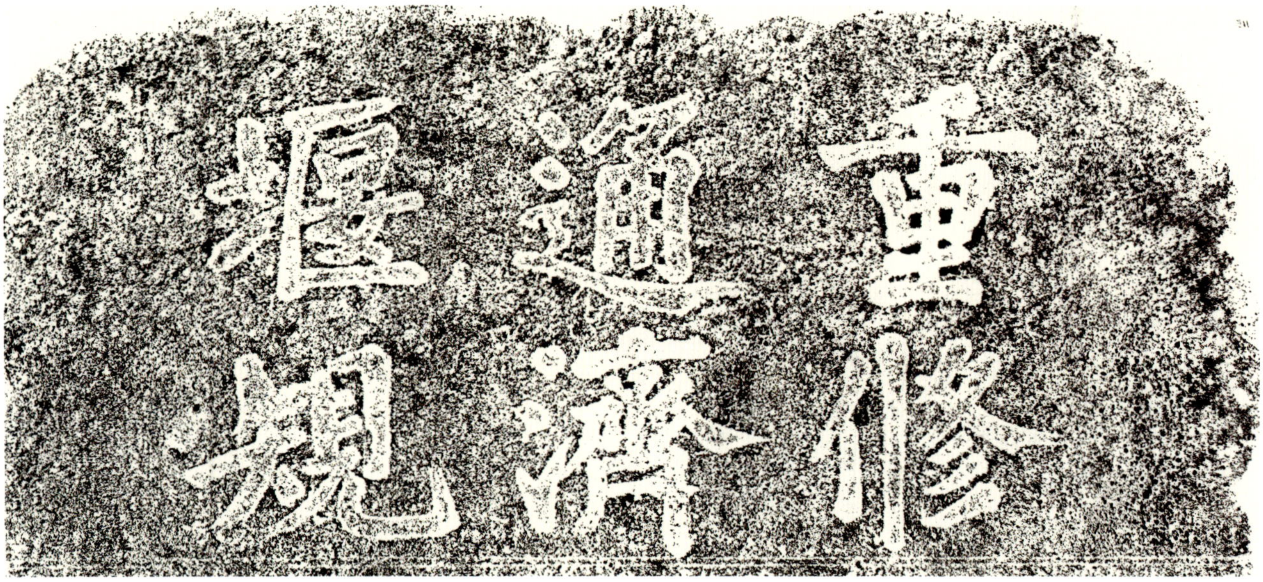

34. 重修通济堰规碑 ①

双面，纵 160 厘米，横 87 厘米

清拓本，浙江省博物馆藏

丽水通济堰始建于南朝萧梁天监年间（502—519），灌溉水田二十多万亩。南宋著名政治家、文学家、诗人范成大，于乾道三年（1167）任处州（丽水）知州期间，主持整修通济堰，并主持修订《通济堰规》。由他刊刻的《重修通济堰规碑》，如今矗立在通济堰詹南二司庙，高 1.65 米，宽 0.86 米，双面刻。碑身两面为《通济堰规》正文，共有 20 条，2600 多字，分堰首、田户、甲头、堰匠、堰工、堰夫、堰司等条款，对人员选拔、田户等级划分、用水管理、工程大修、工费摊派与开支、监督追责等内容都有详细的规定，是一部较为全面实用的管理规章，也是宋代水利法规中区域水利的专门法。碑阴下部刻有范成大的 14 行跋语，列明通济堰的由来与功用、重修过程、制定堰规的目的，并期待通济堰能够长久得到维护。该碑是中国现存最早的水利法规碑文实物，十分珍贵，《括苍金石志》称："范公条规，百世遵守可也。"

《重修通济堰规碑》文字布局纵横有矩，书写严谨规范，结字宽正，笔力雄健，跋语处用笔轻松，用笔连贯，无一点矫揉造作。

① 本碑刻文字磨泐严重，已无法识读，释文部分依据文献补足，不置分行符号。

重修通濟堰規

◎ 释文（碑阳）

（第一层）

重修通济堰规（碑额）

堰首

集上、中、下三源田户，保举上、中、下源十五工以上有材力公当者充，二年一替，与免本户工。如见充堰首，当差保正长，即与权免，州县不得执差，候堰首满日，不妨差役。曾充堰首后因析户工少，应甲头脚次与权免。其堰首有过田户，告官追究，断罪改替。所有堰堤、斗门、石函、叶穴，仰堰首寅夕察，有如疏漏倒塌处，即时修治。如过时致旱损，许田户陈告，罚钱三十贯，入堰公用。

田户

旧例，十五工以上为上田户充监当，遇有工役，与堰首同共分局管干。第集众依公于三源差三名，二年一替，仍每月轮一名，同堰首收支钱物人二。或有疏虞不公，致田户陈告，即与堰首同罪。或有大工役，其合充监当人，亦抑前来分定窠座管干，或充外役，亦不蠲免，并不许老弱人抵应。内有恃强不到者，许堰首具名申官追治，仍倍罚一年堰工。

甲头

旧例分九甲，近缘堰田多系附郭上田户典卖，所有堰工起催不行。今添立附郭一甲，所差甲头于三工以上至十四工者差充，全免本户堰工，一年一替。委堰首集众上田户，以秧把多寡次第流行，依公定差。如见充别役，即差下次人，俟别役满日，依旧脚次。仍各置催工历一道，经官印押收执。遇摧到工数，抄上，取圳首佥人，堰首差募不公，致令陈诉。点对得实，堰首罚钱二十贯，入堰公用。

堰匠

差募六名，常切看守堰堤，或有疏漏，即时报堰首修治。遇兴工日，支食钱一百二十文足。所有船缺，遇舟船上下，不得取受情幸容纵，私折堰堤。如有疏漏，申官决替。

（第二层）

堰工

每秧五百把敷一工，如过五百把有零者，亦敷一工。下户每二十把至一百把，出钱四十文足，一百把以上至二百把，出钱八十文足，二百把以上敷一工。乡村并以三分为率，二分敷工，一分敷钱。城郭止有三工以下者，并敷钱，其三工以上者，即依乡村例，亦以三分为率，每工一百文足。如有低昂，随时申官增减。官给赤历二道，一年一易，内一道充收工，一道充收钱粮。并仰堰首同轮月上田户逐时抄上，不得容情增减作弊，不许泛滥交使。如违，许田户陈告，官司勘磨得实，其掌管人轻重断罪外，或偷隐一文以上，即倍罚入堰公用。至岁终结算，有余钱桩管在堰。其堰工每年并作三限催发，谓如田户管六十工，每限发二十工，设使不足，又量分数催发。田户不得执定限，如遇兴大工役，量事势轻重，敷工使用。值年分堰堤不损，用工微少，堰首不得多敷工数，掠钱入己。如违，依隐漏工钱例责罚。田户不如期发工纳钱，仰堰首举申勾追，倍罚一年工数。

船缺（出行船处，即石堤稍低处是也）

在堰大渠口通船往来，轮差堰匠两名看管。如遇轻船，即监梢工那过。若船重大，虽载官物，亦令出卸空船拔过，不得擅自倒拆堰堤。若当灌溉之时，虽是官员船并轻船，并令自沙洲牵过，不得开堰漏水利。如违，将犯人申解使府，重作施行。仍仰堰首以时检举，申使府出榜约束。

（第三层）

堰概

自开拓概至城塘概，并系大概，各有阔狭丈尺。开拓概，中支阔二丈八尺八寸，南支阔一丈一尺，北支阔一丈二尺八寸。凤台两概，南支阔一丈七尺五寸，北支阔一丈七尺二寸。石刺概阔一丈八尺。城塘概阔一丈八尺。陈章塘概，中支阔一丈七尺七寸半，东支阔一丈八寸二分，西支阔八尺五寸半。内开拓概，遇亢旱时，揭中支一概，以三昼夜为限，至第四日即行封印，即揭南北概，荫注三昼夜讫，依前轮揭。如不依次序，及至限落概，概头申官施行。其凤台两概不许揭起外，石刺、陈章塘等概，并依放开拓概次第揭吊。或大旱，恐人户纷争，许申县那官监揭。如田户辄敢聚众持杖，恃强占夺水利，仰概头申堰首，或直申官，追犯人究治，断罪号令，罚钱二拾贯，入堰公用。如概头容纵，不即申举，一例坐罪。其开拓凤台城塘、陈章塘石刺概，皆系利害去处，各差概头一名，并免甲头差使。其余小概头与湖塘堰头，每年与免本户三工，如违误事，本年堰工不免，仍断决。

堰夫

遇兴工役，并仰以卯时上工，酉时放工。或入山斫筱，每工限二十束，每束长一丈，围七尺，至晚差田户交收，一日两次点工不到，即不理工数。

渠堰

诸处大小渠堰，如有淤塞，即请众田户分定窠座丈尺，集工开淘，各依古额。其两岸并不许种植竹木。如违，依使府榜文施行。

请官

如遇大堰倒损，兴工浩大，及亢旱时，工役难办，许田户即时申县，委官前来监督，请所委官常加钤束，随行人吏不得骚扰，仍不得将上田户非理凌辱，以致田户惮于请官修治，及时旱损。如违，许人户经县陈诉，依法施行。

◎ 释文（碑阴）

（第一层）

石函斗门

石函，或遇沙石淤塞，许破堰工，开淘斗门。遇洪水及暴雨，即时挑闸，免致沙石入渠。才晴水落，即开闸放水入堰渠，轮差堰匠，以时启闭。如违，致有妨害，许田户告官，将堰匠断罪。如堰首不觉察，一例坐罪。

湖塘堰

务在潴蓄水利。或有浅狭去处，湖堰首即合报堰首及承利人户，率工开淘，不许纵人作捺为塘，及围作私田，侵占种植，妨众人水利。湖塘堰首如不觉察，即同侵占人断罪，追罚钱一十贯，入堰公用，许田户告。

堰庙

堰上龙王庙、叶穴龙女庙，并重新修造，非祭祀及修堰，不得擅开，容闲杂人作践。仰堰首锁闭看管，洒扫崇奉，爱护碑刻，并约束板榜。堰首遇替交割。或损漏，即众议依公破工钱修葺。一岁之间，四季合用祭祀，并将三分工钱支派，第季不得过一百五十工。

水淫

一处，在地名宝定大堰路边，通阴溪边田合留外，有私创处，并合填塞。其争占人，许被害田户申官追断。

（第二层）

堰簿

堰簿已行攒造都工簿一面，堰首收管，田秧等第簿一面，请公当上田户一名收管，三年一替。遇有关割，仰人户将副本自陈，并砧基先经官推割，次执干照，请管簿上田户对行关割，至岁终，具过割数目姓名送堰首改正。都簿如无官司凭照，擅与人户关割，许经官陈告，追犯人赴官重断，罚钱三拾贯，入堰公用。

逆扫

诸湖塘堰边有仰天及承坑塘，不系承堰出工，即不得逆扫堰内水利田户，亦不得容纵偷递。其承堰田各有堰水，不得偷扫别堰水利，及不许用板木作捺，障水入田，有妨下源灌溉，亦仰人户陈首重断，追罚钱一十贯，入堰公用。

开淘

自大堰至开拓，概虽约束以时开闭斗门叶穴，切虑积累沙石淤塞，或渠岸倒塌，阻遏水利。今于十甲内，逐年每甲各桩留五十工，每年堰首将满，于农隙之际申官，差三源上田户，将二年所留工数并力开淘，取令深阔，然后交下次堰首。

叶穴头

叶穴系是一堰要害去处，切虑启闭失时，遂致冲损，兼捕鱼人向后作弊。今于比近上田户专差一名充穴头，仰用心看管，如遇大雨，即时放开闸板，或当灌溉时，不得擅开。所差人两年一替，特免本户逐年堰工。如违误事，断罪倍罚本户工仍看管龙女庙。

堰司

当年充甲头田户，议差能书写人一名充，三年一替。如大工役，一年一替，免充甲头一次，不支雇工钱。或因缘骚扰及作弊，申官断替。

右依准州县备据到官张文林申，重修到前项规约。州司点对，委是经久，除已保明供申转运衙及提举常平衙外，行下镌石施行。乾道五年四月望日，右文林郎、处州军事判官张澈立石。

《圳规》凡二十条，今除去圳山一条，只存十九。

通济堰合松阳、遂昌两溪之水引而东／行，环数十百里，溉田广远，有声名／浙东。按长老之记，以为萧梁氏时，詹／南二司马所作。至／宋中兴乾道戊子，垂千岁矣。往迹芜／废，中下源尤甚。明年春，郡守吴人范成／大，与军事判官兰陵人张澈，始修复之。／事悉具新规，三月，工徒告休，成大驰至斗／门，落成于司马之庙。窃悲夫水无常／性，土亦善堙，修复之甚难，而溃塞之实／易。惟后之人，与我同志，嗣而葺之，将／有考于斯。今故刻其规于石以告。四月／十九日，左奉议郎权发遣处州军州主管／学事兼管内劝农事范成大书。

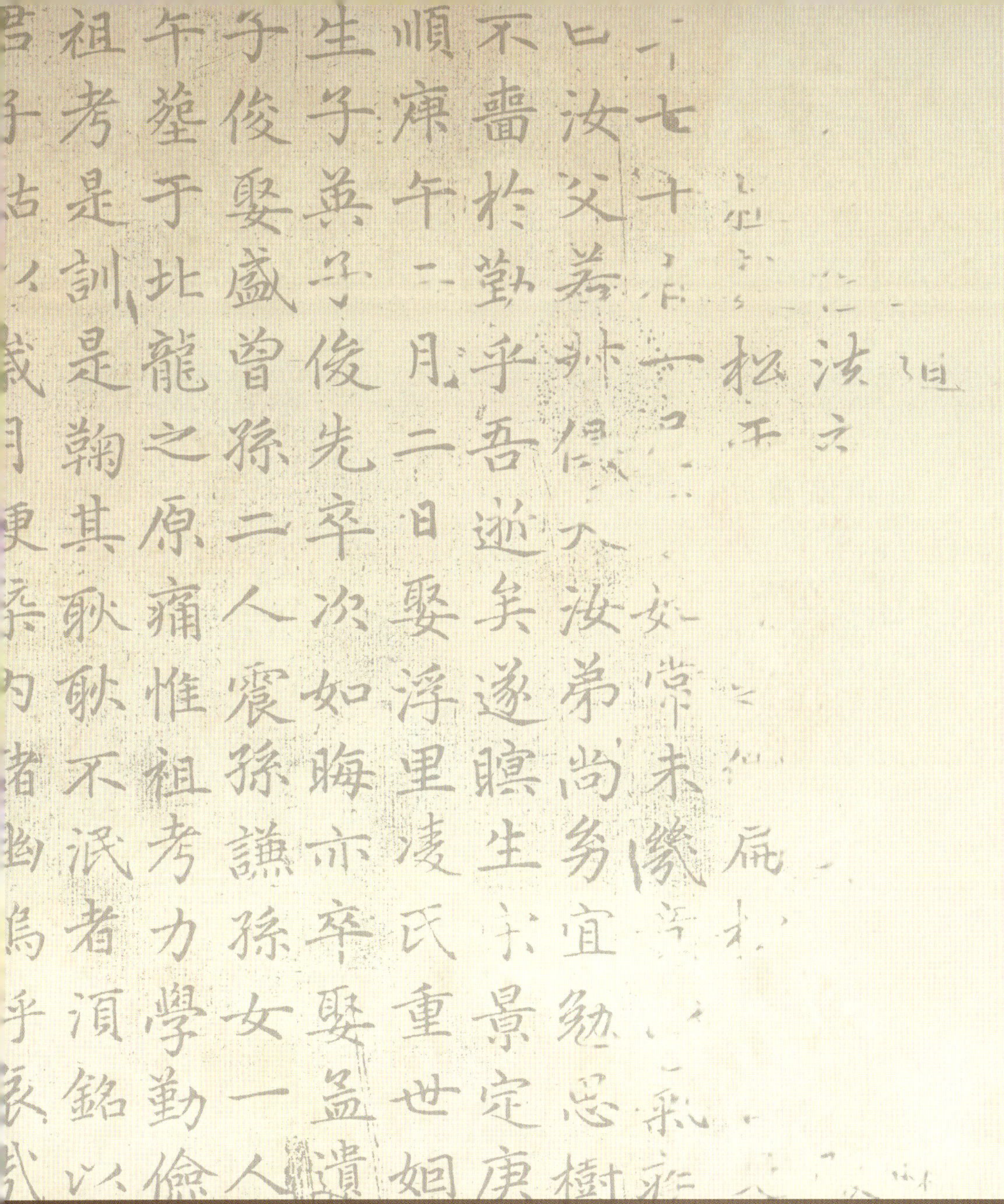

第五章

富庶江南

——元明清浙江名碑名刻

元明清时期，浙江成为独立的行政区域，市镇经济繁荣，传统的产业结构出现了深刻变化。在文化领域，浙江的文学家和艺术家，无论在作品数量上还是在创作造诣上，都跃居全国前列。

元明清时期，以反映古代政治、军事、社会发展及文化交流的碑刻石刻最具代表性。

元代提倡复古，以赵孟頫为代表，书法发展呈现一种全面回归的潮流，晋唐书法传统得以延续，形成典雅秀逸的书风；明人书法面貌纵横跳脱，文人多擅长自由活泼的行草书，风格苍劲挺拔，运笔狂纵奔放；清代统治者都以擅长书法为风雅，学术风气务实，碑版与刻帖相互为用，在篆书、隶书两方面汲古创新。

元明清以来的碑刻，形制书体均沿袭前代，基本无大变化，但在排版、布局以及用笔习惯上形成了特有的风格，一些碑刻仍有较高的史料和艺术价值。如清康熙和乾隆两代皇帝南巡，历经七次题刻完成的“西湖十景碑”，如今已是西湖景观的象征。

35. 元至顺元年处士赵公圹志

纵 68 厘米，横 42.5 厘米

当代拓本，安吉县博物馆藏

该墓志 1972 年在湖州安吉县山川乡征集，现收藏于安吉县博物馆。墓志青石质，额题篆书“祖考处士赵公圹志”八字。碑文楷书 19 行，441 字。碑刻于元至顺元年（1330），书法秀丽流畅，字迹清晰可辨。该墓志记载了墓主人较多的信息，具有较高的史料和艺术价值。

◎ 释文

祖考处士赵公圹志（篆额）

祖考讳文彪，字仲虎，赵姓，占籍临安夏村里。曾祖伯贤，妣凌氏；/ 祖思义，妣凌氏；父大勋，妣高氏。祖考读书善强记，弱冠有声乡 / 闾，恒以勋业自期。将老，归隐家山，叹曰：“时不我与，何以文为？”犹 / 记诵不休。其撰述每以简率为戒，及示人，无不叹服。惜其罕作，/ 故鲜其传焉！禀性明锐，事至物来，壹应以理，或有疑而问者，则 / 曰：“吾宁直道以顺处，不能曲意以诡随。”乡邻称之曰“善人”。若其 / 治家以礼法，交友以信义，勤俭刻厉，赈饥济贫，盖其天性然也。/ 尝手植数松于居室之侧，扁“松轩”以见志，其恬淡如此。今年春 / 年七十有一，居处如常。未几，竟以气疾弗起，将殁，呼子英等嘱 / 曰：“汝父若叔俱夭，汝弟尚幼，宜勉思树立，以成吾志。天其或者 / 不啬于勤乎！吾逝矣。”遂瞑。生宋景定庚申五月十八日，卒今至 / 顺庚午二月二日。娶浮里凌氏，重世姻也。子二人，长如愚，娶盛，/ 生子英、子俊，先卒；次如晦，亦卒，娶孟，遗命以子英嗣。子英娶钟，/ 子俊娶盛。曾孙二人：震孙、谦孙。女一人，正奴。以是年十一月丙 / 午葬于北龙之原。痛惟祖考，力学勤俭起家，子英幼失所怙，惟 / 祖考是训是鞠，其耿耿不泯者，须铭以记之。日薄未暇，求立言 / 君子，姑以岁月梗概内诸幽。呜呼哀哉！孝孙子英等泣血谨志。/ 契生赐同进士出身将仕郎湖州录事吴巽填讳。/ 承务郎平江路吴县尹陈恕可篆题。

祖考處士趙公壙志

祖考諱文虎字仲虎趙姓占籍臨安夏村里曾祖伯賢妣凌氏
祖思義妣凌氏父大勲妣高氏祖考讀書善強記弱冠有聲鄉
閭恒以勲業自期將老歸隱家山歎曰時不我與何以文為猶
記誦不休其譔述每以簡率為戒及示人無不歎服惜其罕作
故鮮其傳焉稟性明銳事至物來壹應以理或有疑而問者則
曰吾寧直道以順處不能曲意以詭隨鄉鄰稱之曰善人若其
治家以禮法交友以信義勤儉刻厲賑飢濟貧蓋其天性然也
嘗手植數松于居室之側扁松軒曰是志其恬澹如此今年春
年七十有一居處如常未幾覺以氣疾弗起將殁呼子英等囑
曰汝父若外俱夭汝弟尚幼宜勉思樹立以成吾志天其或者
不啚於勤乎吾逝矣遂瞑生宋景定庚申五月十八日卒今至
順庚午二月二日娶浮里凌氏重世姻也子二人長如愚娶盛
生子英子俊先卒次如晦亦卒娶孟遺命以子英嗣子英娶鍾
子俊娶盛曾孫二人震孫讓孫女一人正奴以是年十一月丙
午塟于北龍之原痛惟祖考力學勤儉起家子英幼失所怙惟
祖考是訓是鞠其耿耿不泯者須銘以記之日薄未暇求立言
君子姑以歲月梗槩内諸幽嗚呼哀哉孝孫子英等泣血謹誌
契生 賜同進士出身將仕郎湖州録事吴巽塡諱
承務郎平江路吴縣尹陳恕可篆題

36. 元后至元五年湖州道场山祈年摩崖题刻

纵 250 厘米，横 200 厘米

当代拓本，湖州市博物馆藏

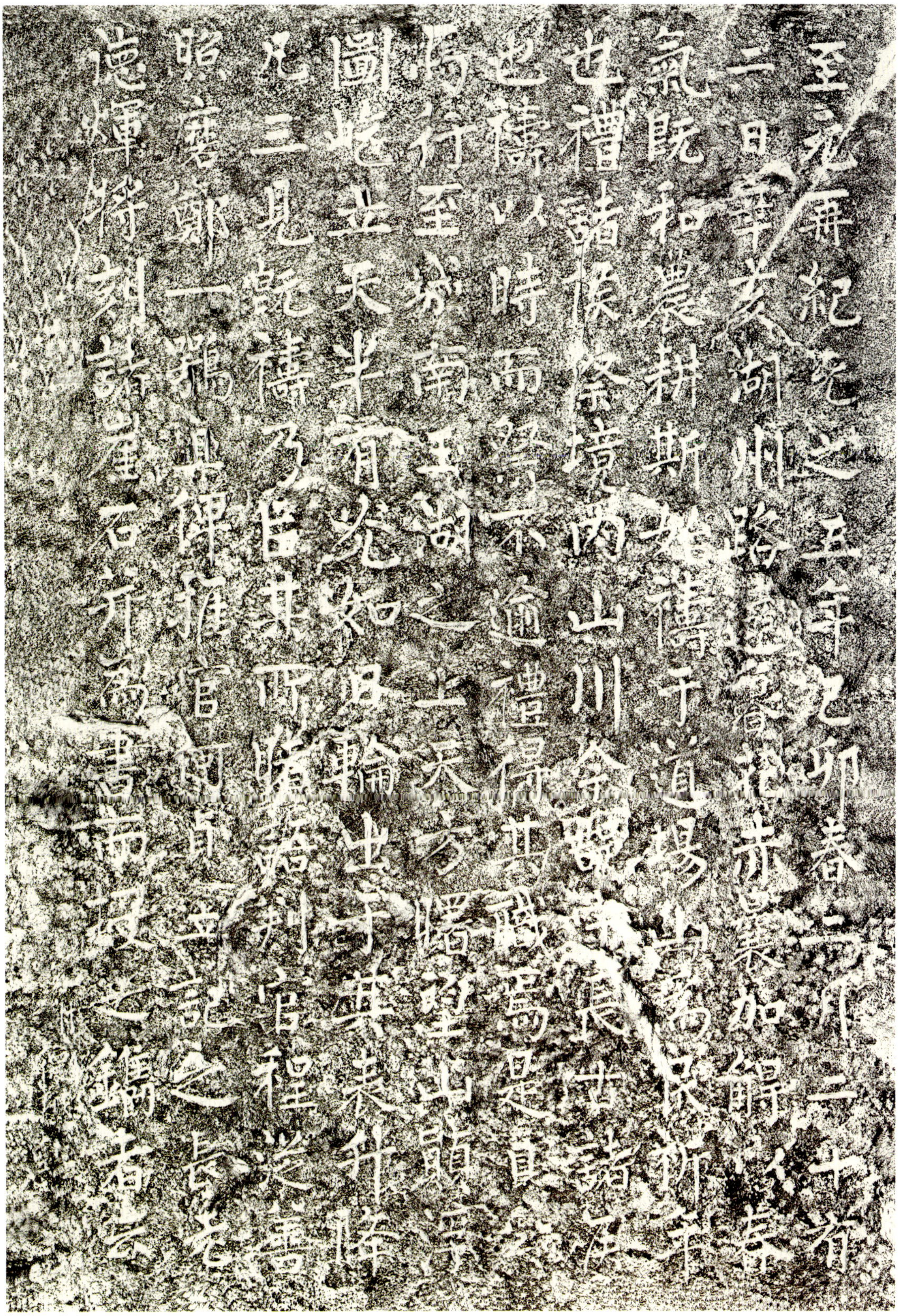

该题刻位于湖州市吴兴区道场乡道场山护圣万寿禅寺东北，2019年公布为第八批全国重点文物保护单位。石刻主体部分为元后至元五年（1339）湖州行政长官来道场山为民祈求丰年的记录，刻录于一块巨大的岩石立面上。岩石通高3.6米，通宽2.9米。题刻保存较好，字迹清晰，是江南地区较罕见的具有确切纪年的元代文物，填补了元代史迹空白，对于研究元代历史、社会风貌具有重要的价值。同时，题记文字遒劲有力，出入颜柳，为优秀的元代书法作品。

◎ 释文

至元再纪元之五年己卯春二月二十有／二日辛亥，湖州路达鲁花赤曩加解，以春／气既和，农耕斯始，祷于道场山，为民祈年／也。《礼》：诸侯祭境内山川。今郡守长，古诸侯／也，祷以时，而祭不逾礼，得其职焉。是日，公／马行至城南玉湖之上，天方曙，望山颠浮／图屹立，天半有光，如日轮出于其表，升降／凡三见。既祷，乃以其所睹，语判官程从善、／照磨郑一鹗，且俾推官何贞立记之。长老／德辉将刻诸崖石，并为书而授之镌者云。／谢德懋镌。

37. 盐官海神庙御碑

双面，纵 355 厘米，横 147 厘米

当代拓本，海宁市博物馆藏

清雍正八年（1730），浙江总督李卫奉敕于海宁州（今海宁市盐官镇）建造浙江海神庙。海神庙是祀传说中的“浙海之神”，传为古代江南祭祀的海神李禄，钱镠、伍子胥配享左右。御碑在盐官海神庙内，碑身高约 300 厘米，整体由汉白玉雕制，双面刻。碑文均以楷体书写，结字方正，用笔严谨。

碑阳为雍正十年（1732）《御制浙江海神庙碑文》，由和硕果亲王允礼奉敕敬书，讲述了建海神庙的原因：由于钱塘江海宁段受飓风怒涛震荡，常决堤闹灾，为此皇帝派大臣来海宁视察修筑钱塘江堤岸，又拨内帑金十万两，派浙江总督李卫赴海宁兴建海神庙，让百姓常可祭祀、敬谢海神，以克制怒潮，保一方黎民之平安。碑阴为乾隆二十七年（1762）《御制阅海塘记》，由浙江巡抚庄有恭奉敕书写，记述了海塘的修筑经过：钱塘江涨沙无常，海塘北坍决堤危及海宁，南坍溃塘危及绍兴，百姓屡遭其灾，原两岸海塘均是以柴泥混合作塘，故而常决口，现把柴塘改石塘，虽经费颇大，但能抵御潮患，保护了钱塘江两岸黎民的平安。

◎ 释文（碑阳）

御制浙江海神庙碑文

国家虔修祀典，以承上下神祇。岳渎海镇之神，秩祀惟谨，视前代为加隆。朕临御以来，夙夜以敬 / 天勤民为念。明神之受职于 / 天，而功德被于生民者，昭格荐歆，敬礼尤至。其为民御大灾、捍大患，合于祭法所载，则尊崇庙貌，以昭德报功，盖所以遂斯民瞻仰 / 之愿，而动其敬畏祇肃之心，使无敢慢易为非，以得永荷明神之嘉贶，意至远也。皇舆东南际大海，而浙江海宁居濒海之冲，/ 龛山、赭山列峙其南，飓风怒涛，潮汐震荡。县治去海不数百步，资石塘以为捍蔽。雍正二年，潮涌堤溃，有司以闻。朕立遣大臣 / 察视修筑，且念小民，居恒罔知敬畏，慢神亵天，召灾有自。爰切谕以修省感应之道，令所司家喻户晓，警觉众庶。比年以来，徼 / 明神庥佑，塘工完固，长澜不惊，民乐其生，闾井蕃息。越七年，秋汛盛长，几至泛溢，吏民震恐，已而风息波恬，堤防无恙，远近欢呼 / 相庆。谓惟 / 大海之神，昭灵默佑，惠我烝黎，以克济此。朕惟沧海，含纳百川，际天无极，功用盛大，/ 神实司之。海宁为海壖剧邑，障卫吴越诸大郡，海潮内溢，则昏垫斥卤，咸有可虞。/ 神之御患捍灾，莫此为大，特发内帑金十万两，敕督臣李卫，度地鸠工，建立 / 海神之庙，以崇报享。经始于雍正八年春三月，洎雍正九年冬十有一月告成。门庑整秩，殿宇深严，丹雘辉煌，宏壮巨丽，时展明 / 禋，典礼斯称。爰允督臣之请，勒文穹碑，垂示久远，俾斯民忻悚瞻诵，共喻朕钦崇 / 天道、祇迓 / 神庥、怀保兆民之至意，相与向道，迁善服教。畏神则 / 神明之日监在兹，顾答歆飨，其炳灵协顺，保护群生，奠安疆宇，与造物相为终始，有永勿替，朕实嘉赖焉。/ 雍正十年六月初一日。和硕果亲王臣允礼奉 / 敕敬书。

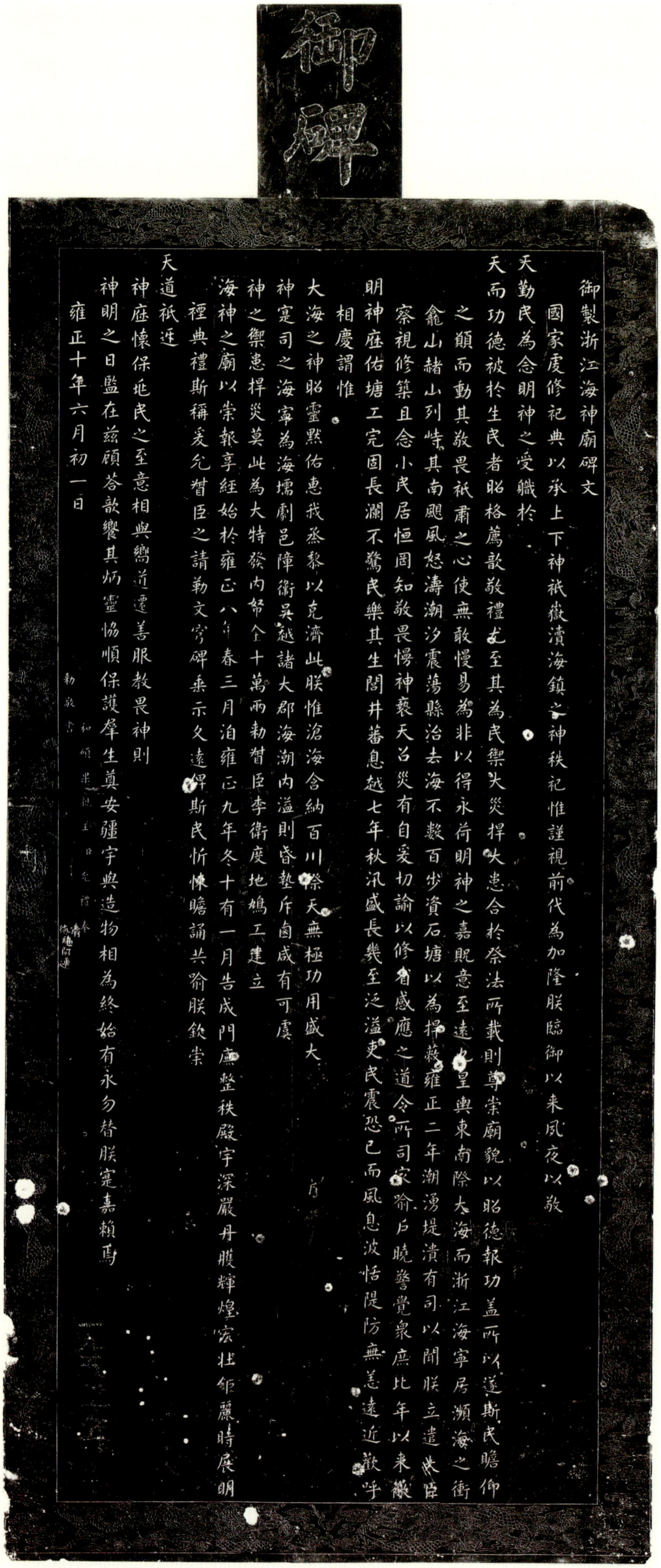

御碑

御製浙江海神廟碑文

國家虔修祀典以承上下神祇嶽瀆海鎮之神秩祀惟謹視前代為加隆朕臨御以来夙夜以敬
天勤民為念明神之受職於
天而功德被於生民者昭格薦歆敬禮尤至其為民禦災捍大患合於祭法所載則尊崇廟貌以昭德報功盖所以遂斯民瞻仰之願而動其敬畏祇肅之心使無敢慢易為非以得永荷明神之嘉貺意至遠也皇輿東南際大海而浙江海寧居瀕海之衝龕山赭山列峙其南颶風怒濤潮汐震蕩縣治去海不數百步資石塘以為捍蔽雍正二年潮湧堤潰有司以聞朕立遣大臣察視修築且念小民居恒罔知敬畏慢神褻天召災有自爰切諭以修省感應之道令所司家喻戶曉警覺衆庶比年以来繼
明神庥佑塘工完固長瀾不驚民樂其生閭井蕃息越七年秋汛盛長幾至泛溢吏民震恐已而風息波恬隄防無恙遠近歡呼相慶謂惟
大海之神昭靈默佑惠我烝黎以克濟此朕惟滄海含納百川際天無極功用盛大
神寔司之海寧為海壖劇邑障衛吳越諸大郡海潮內溢則昏墊斥鹵咸有可虞
神之禦患捍災莫此為大特發內帑金十萬兩勅督臣李衛度地鳩工建立
海神之廟以崇報享經始於雍正八年春三月洎雍正九年冬十有一月告成門廡整秩殿宇深嚴丹雘輝煌宏壯鉅麗時展明禋典禮斯稱爰允督臣之請勅文穹碑垂示久遠俾斯民忻悚瞻誦共喻朕欽崇
天道祇迓
神庥懷保兆民之至意相與嚮道遷善服教畏神則
神明之日監在茲顧荅歆饗其炳靈協順保護羣生奠安疆宇與造物相為終始有永勿替朕寔嘉賴焉

雍正十年六月初一日

和碩果親王臣允禮奉
勅敬書

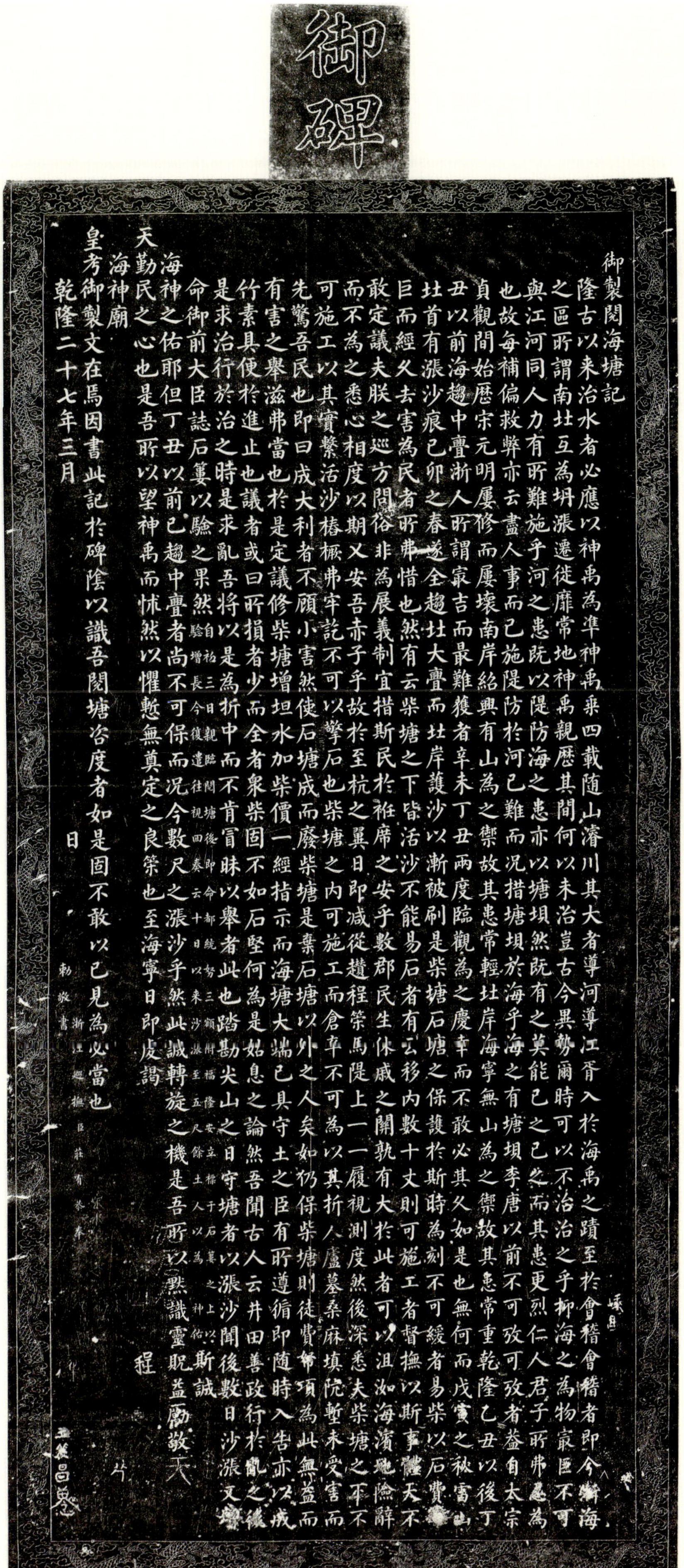
御碑

御製閱海塘記
隆古以来治水者必應以神禹為準神禹乘四載隨山濬川其大者導河導江胥入於海禹之蹟至於會稽會稽者即今浙海
之區所謂南北互為坍漲遷徙靡常地神禹親歷其間何以未治豈古今異勢爾時可以不治治之乎抑海之為物最巨不可
與江河同人力有所難施乎河之患既以隄防海之患亦以塘坝然既有之莫能已之已之而其患更烈仁人君子所弗忍為
也故每補偏救弊亦云盡人事而已施隄防於河已難而況措塘坝於海乎海之有塘坝李唐以前不可攷可攷者蓋自太宗
貞觀間始歷宋元明屢修而屢壞南岸紹興有山為之禦故其患常輕北岸海寧無山為之禦故其患常重乾隆乙丑以後丁
丑以前海趨中亹浙人所謂最吉而最難獲者辛未丁丑兩度臨觀為之慶幸而不敢必其久如是也無何而戊寅之秋雷山
北首有漲沙痕己卯之春遂全趨北大亹而北岸護沙以漸被刷是柴塘石塘之保護於斯時為刻不可緩者易柴以石費
巨而經久去害為民者所弗惜也然有云柴塘之下皆活沙不能易石者有云移內數十丈則可施工者督撫以斯事體大不
敢定議夫朕之巡方問俗非為展義制宜措斯民於衽席之安乎數郡民生休戚之關孰有大於此者可以沮洳海濱地險辭
而不為之悉心相度以期乂安吾赤子乎故於至杭之翼日即減從趲程策馬隄上一一履視測度然後深悉夫柴塘之下不
可施工以其實繫活沙椿橛弗牢訖不可以擎石也柴塘之內可施工而倉卒不可為以其折人廬墓桑麻填阬塹未受害而
先驚吾民也即曰成大利者不顧小害然使石塘成而廢柴塘是棄石塘以外之人矣如仍保柴塘則徒費帑項為此無益而
有害之舉滋弗當也於是定議修柴塘增坦水加柴價一經指示而海塘大端已具守土之臣有所遵循即隨時入告亦以成
竹素具便於進止也議者或曰所損者少而全者衆柴固不如石堅何為是姑息之論然吾聞古人云井田善政行於亂之後
是求治行於治之時是求亂吾將以是為折中而不肯冒昧以舉者此也踏勘尖山之日守塘者以漲沙聞後數日沙漲又增
命御前大臣誌石簍以驗之果然（自初三日親臨閱塘後即命都統努三額駙福隆安立標于石簍之上以驗增長今復遣往視回奏云十日以來沙漲至五尺餘土人以為神佑）斯誠
海神之佑耶但丁丑以前已趨中亹者尚不可保而況今數尺之漲沙乎然此誠轉旋之機是吾所以默識靈貺益勵敬
天勤民之心也是吾所以望神禹而怵然以懼慙無奠定之良策也至海寧日即虔謁
海神廟
皇考御製文在焉因書此記於碑陰以識吾閱塘咨度者如是固不敢以已見為必當也
乾隆二十七年三月　日
浙江巡撫臣莊有恭奉敕敬書

◎ 释文（碑阴）

御制阅海塘记

隆古以来，治水者必应以神禹为准。神禹乘四载，随山浚川，其大者导河、导江胥入于海。禹之迹，至于会稽。会稽者，即今浙海／之区，所谓南北互为坍涨，迁徙靡常地。神禹亲历其间，何以未治？岂古今异势，尔时可以不治治之乎？抑海之为物最巨，不可／与江河同，人力有所难施乎？河之患，既以堤防；海之患，亦以塘坝。然既有之，莫能已之，已之而其患更烈，仁人君子所弗忍为／也。故每补偏救弊，亦云尽人事而已。施堤防于河已难，而况措塘坝于海乎？海之有塘坝，李唐以前不可考；可考者，盖自太宗／贞观间始。历宋元明，屡修而屡坏。南岸绍兴有山为之御，故其患常轻；北岸海宁无山为之御，故其患常重。乾隆乙丑以后、丁／丑以前，海趋中亹，浙人所谓最吉而最难获者。辛未、丁丑，两度临观，为之庆幸，而不敢必其久如是也。无何，而戊寅之秋，雷山／北首有涨沙痕。己卯之春，遂全趋北大亹，而北岸护沙以渐被刷。是柴塘石塘之保护，于斯时为刻不可缓者。易柴以石，费帑／巨而经久，去害为民者所弗惜也。然有云柴塘之下皆活沙不能易石者，有云移内数十丈则可施工者。督抚以斯事体大，不／敢定议。夫朕之巡方问俗，非为展义制宜，措斯民于衽席之安乎？数郡民生，休戚之关，孰有大于此者？可以沮洳海滨地险，辞／而不为之，悉心相度，以期乂安吾赤子乎？故于至杭之翼日，即减从趱程，策马堤上，一一履视测度，然后深悉。夫柴塘之下不／可施工，以其实系活沙，桩橛弗牢，讫不可以擎石也。柴塘之内可施工，而仓卒不可为，以其折人庐墓桑麻，填坑堑，未受害而／先惊吾民也。即曰：成大利者，不顾小害。然使石塘成而废柴塘，是弃石塘以外之人矣；如仍保柴塘，则徒费帑项，为此无益而／有害之举，滋弗当也。于是定议修柴塘，增坦水，加柴价。一经指示，而海塘大端已具，守土之臣有所遵循，即随时入告，亦以成／竹素具，便于进止也。议者或曰：所损者少而全者众，柴固不如石坚，何为是姑息之论？然吾闻古人云：井田善政，行于乱之后／是求治，行于治之时是求乱。吾将以是为折中，而不肯冒昧以举者，此也。踏勘尖山之日，守塘者以涨沙闻。后数日，涨沙又增。／命御前大臣志石篓以验之，果然。（自初三日亲临阅塘，后即命都统努三、额附福隆安立标于石篓之上，以验增长。今复遣往视，回奏云：十日以来，沙涨至五尺余，土人以为神佑。）斯诚／海神之佑耶！但丁丑以前，已趋中亹者尚不可保，而况今数尺之涨沙乎？然此诚转旋之机，是吾所以默识灵贶，益励敬／天勤民之心也。是吾所以望神禹而怵然以惧，惭无奠定之良策也。至海宁日即虔谒／海神庙，／皇考御制文在焉。因书此记于碑阴，以识吾阅塘咨度者如是，固不敢以己见为必当也。／乾隆二十七年三月日／浙江巡抚臣庄有恭奉／敕敬书。

38. 苏堤春晓御碑

七面，纵 236 厘米，横 87 厘米

当代拓本，杭州市文物遗产与历史建筑保护中心藏

该碑位于苏堤压堤桥畔，清康熙三十八年（1699）立。碑阳为康熙帝御题“苏堤春晓”榜书。行书，结构平稳严谨，笔画圆润丰满，气韵生动，可以看出雅淡中和的董其昌书法对帝王书法的影响，再上溯晋唐，亦有颜体的饱满。

六首诗刻位于碑身背面和两侧面以及碑额背面和两侧面，为乾隆帝辛未年（1751）、丁丑年（1757）、壬午年（1762）、乙酉年（1765）、庚子年（1780）、甲辰年（1784）分六次题写。前四首为行书作品，后两首为行楷作品。作品取法二王、赵子昂，笔法端正，流丽雅润，线条饱满圆润，字与字上下呼应紧密，没有明显的线条粗细变化或字形跳脱，没有大起大落的章法布局，给人以稳定之感，体现了中庸的审美观。

该碑曾于太平天国时期遭到破坏，断为三截，清末修复后重立，是现在唯一留存全部康熙、乾隆题刻的西湖十景御碑，十分珍贵。

◎ 释文

（碑阳）

苏堤春晓

（印文：康熙御笔之宝）

（碑阴）

通守钱塘记大苏，取之无/尽适逢吾。长堤万古传/名姓，肯让夷光擅此湖。/乾隆御题。

（印文：乾隆宸翰、陶冶性灵）

（碑侧一）

重来民气幸新苏，灾后犹然念屡吾。此是春巡第一义，游堤宁为玩/西湖。苏堤春晓。丁丑春御题叠前韵。

（印文：所宝惟贤、乾隆御笔）

（碑侧二）

三度南巡杭复苏，民风吏治并勤吾。长堤今日游乘暇，与物皆春似/此湖。苏堤春晓。壬午春御题再叠前韵。

（印文：所宝惟贤、乾隆御笔）

（碑额阴）
春来万物喜／昭苏，正
值巡／方跸驻吾。跋／
马长堤须按／辔，韶光
辉映／两边湖。／乙酉
春闰御题／三叠前韵
（印文：乾隆御笔）

（碑额侧一）

千古长堤只姓苏，牧民絜矩意／般吾。春风十五重经面，摘句能／无愧此湖？／庚子暮春月御题。

（印文：惟精惟一、乾隆宸翰）

（碑额侧二）

频烦叠韵创髯苏，一再无妨肖／以吾。增景已难偻指计，却兹数／典占西湖。／甲辰暮春御题。

（印文：古稀天子之宝、犹日孜孜）

39. 曲院风荷御碑

四面，纵 215 厘米，横 110 厘米

当代拓本，杭州市文物遗产与历史建筑保护中心藏

该碑位于苏堤北侧跨虹桥畔，清康熙三十八年（1699）立。碑阳为康熙帝御题“曲院风荷”榜书，楷体，略带行书笔意，部分笔画有少量枯笔，结体方正，线条饱满丰腴，转折部分亦圆润柔和，很好地契合了主题。康熙帝将南宋西湖十景的“麯院风荷”改为“曲院风荷”，并将景点位置从赵公堤西侧移往苏堤北侧。

三首诗刻位于碑身背面和两侧面，分别为乾隆帝辛未年（1751）、丁丑年（1757）、壬午年（1762）三次所题，著录于《南巡盛典》。可惜由于碑额缺失，乾隆帝的后三次题诗已经不存。题刻为行书，中杂一些草字，字与字间连结较少，几乎无字形大小变化，端正匀净，体现心正气和的中庸之道。用笔可见二王疏朗之态，赵子昂典雅之风韵，华丽而不乏骨力，潇洒中见高雅。

◎ 释文

（碑阳）

曲院风荷

（印文：康熙御笔之宝）

康熙叁拾捌年叁月贰拾陆日

总督福建浙江等处地方军务兼理粮饷兵部右侍郎兼都察院右副都御史，臣郭世隆。

巡抚浙江等处地方提督军务都察院右副都御史加二级，臣张敏。

日讲官起居注詹事府詹事兼翰林院侍读学士加五级，臣高士奇恭摹。

康熙宸翰之寶

康熙叁拾捌年叁月貳拾陸日
曲院風荷
總督福建浙江等處地方軍務兼理糧餉兵部右侍郎兼都察院右副都
巡撫浙江等處地方提督軍務都察院右副都御史加
日講官起居注詹事府詹事兼翰林院侍讀學士加五級

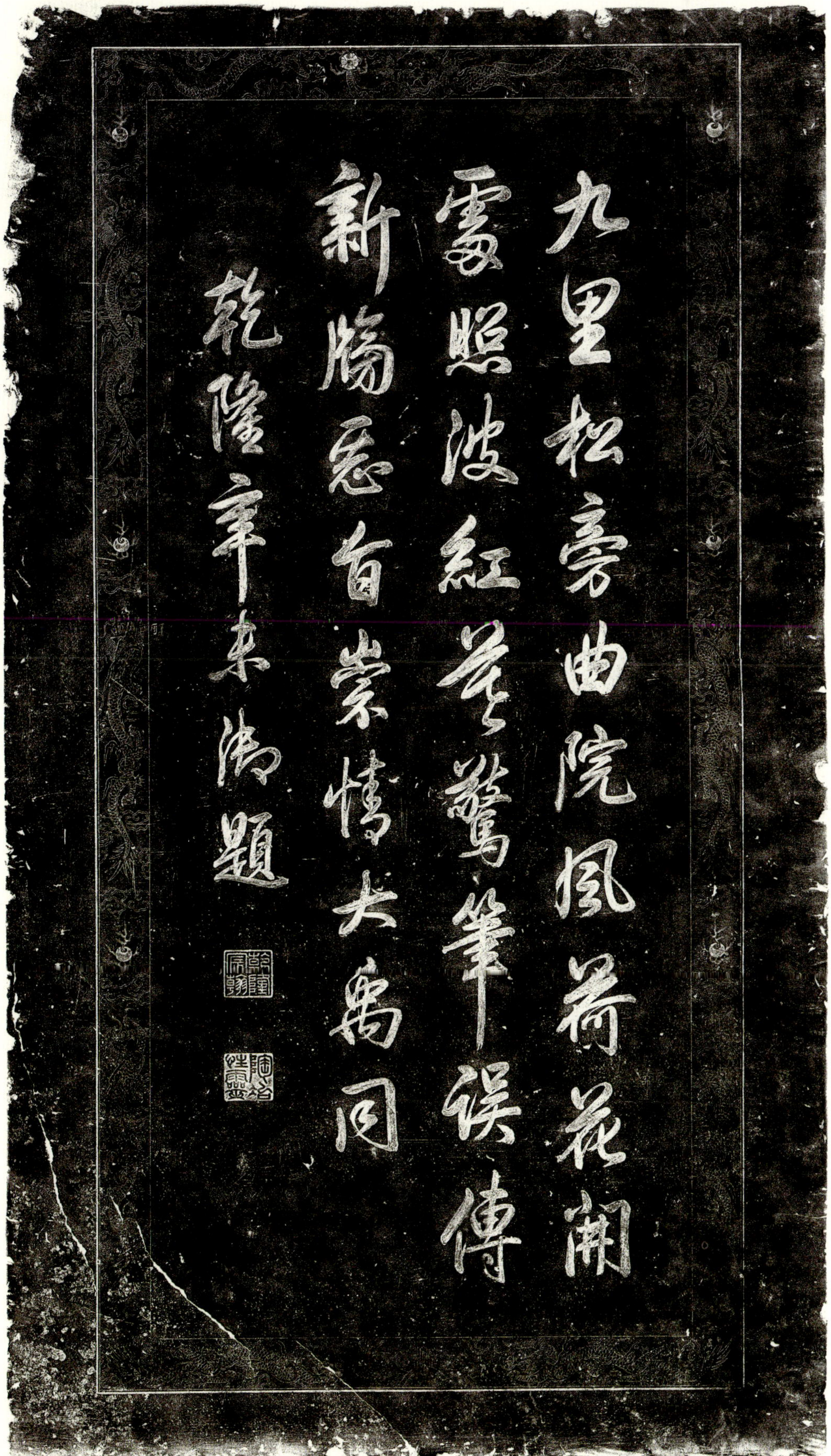

（碑阴）

九里松旁曲院风，荷花开／处照波红。莫惊笔误传／新榜，恶旨崇情大禹同。

乾隆辛未御题。（印文：乾隆宸翰、陶冶性灵）

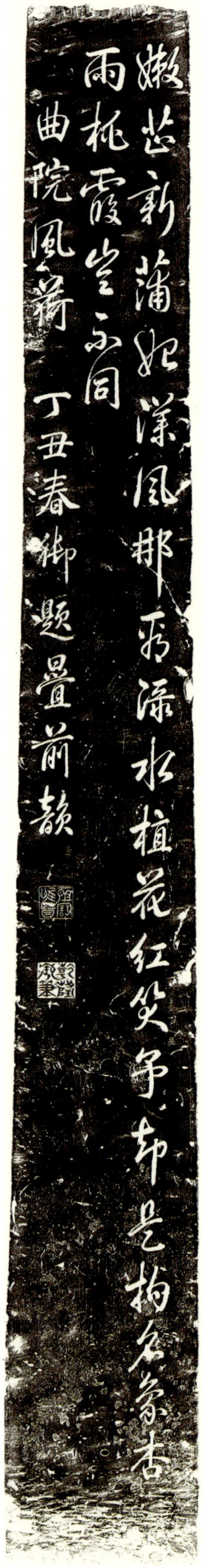

（碑侧一）

嫩芷新蒲始漾风，那看渌水植花红。笑予却是拘名象，杏／雨桃霞岂不同。

曲院风荷。丁丑春御题叠前韵。（印文：所宝惟贤、乾隆御笔）

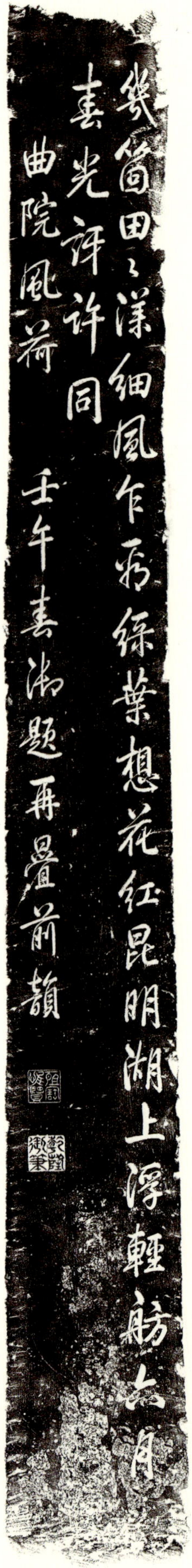

（碑侧二）

几个田田漾细风，乍看绿叶想花红。昆明湖上浮轻舫，六月／春光讶许同。

曲院风荷。壬午春御题再叠前韵。（印文：所宝惟贤、乾隆御笔）

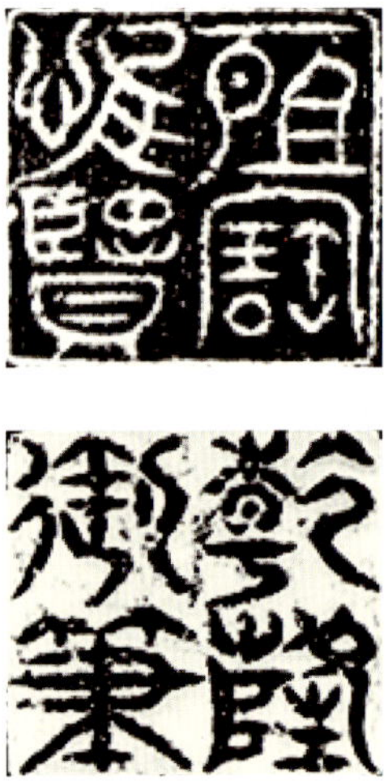

40. 清嘉庆三年阮元石门诗刻

纵 50 厘米，横 47 厘米

当代拓本，浙江省博物馆藏

此摩崖诗刻位于青田石门洞的月洞石床上悬崖处，由浙江学政阮元书于清嘉庆三年（1798）。行草 13 行，用笔劲直爽利，点画排布茂密匀稳。阮元，江苏仪征人，清朝官员、经学家、训诂学家、金石学家。他一生致力于金石的搜访、著录与研究，著有《山左金石志》《两浙金石志》等。阮元的书法碑刻遍布中国各地，书体丰富，书风多样。

◎ 释文

嘉庆三年立夏日重游 / 石门观瀑布一首 /

石阙开双扉，未登心已羡。沿溪溯潺 / 湲，越谷望葱蒨。飞瀑挂千尺，先向林 / 表见。敢拜天绅垂，畴与白龙战。流素 / 曳练轻，触石生衣溅。雨余情弥壮，风 / 定势犹旋。疏响静凡喧，摇 / 光引清眩。兹来春夏交，/ 岩花落为霰。重游 / 意更洽，坐久情逾眷。安能构 / 云栖，聊息水宿倦。/

内阁学士、礼部侍郎、学使 / 者仪征阮元。

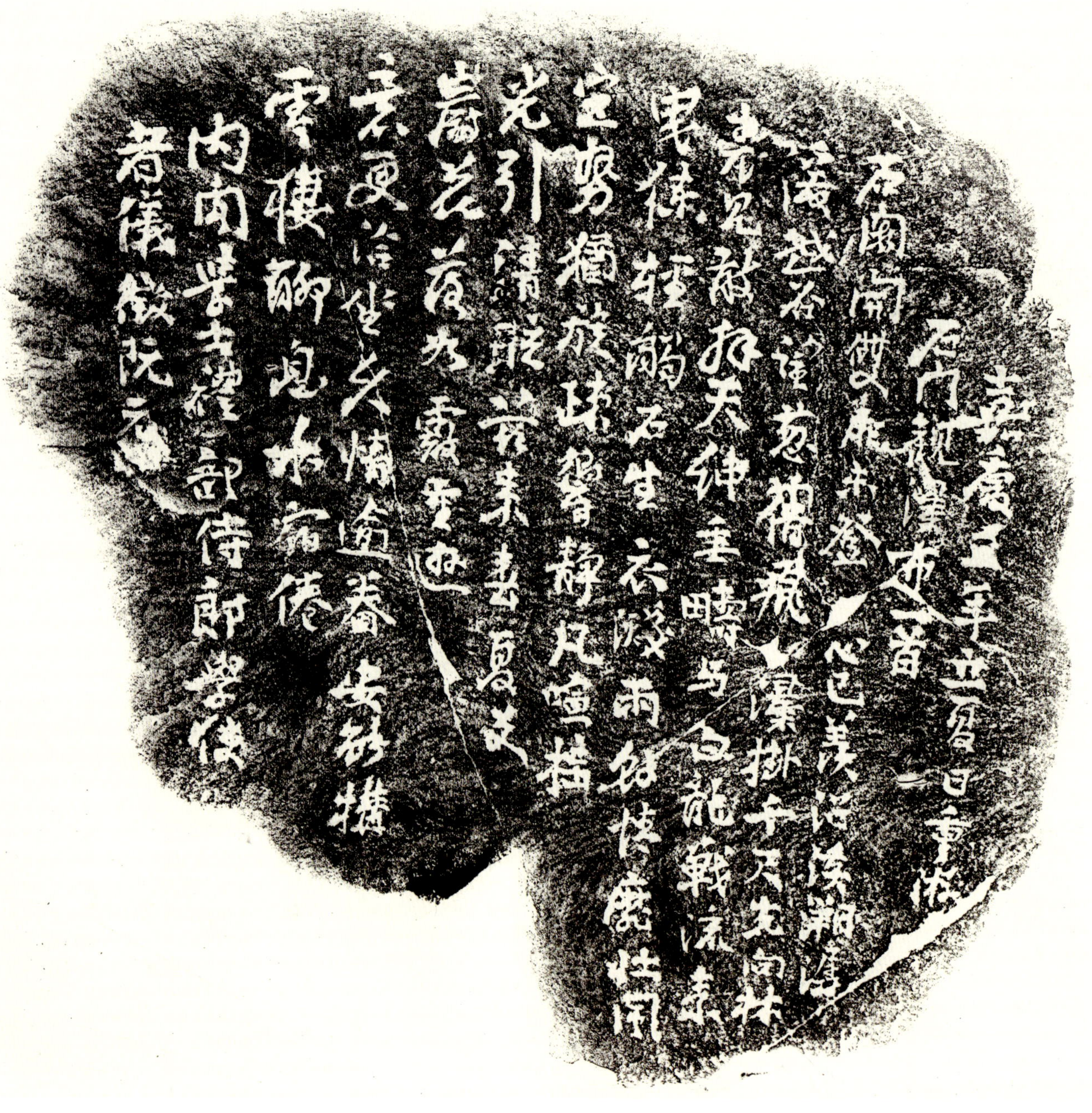
嘉慶二年立夏日重修
内閣學士禮部侍郎學使
者儀徵阮元

41. 清光绪十八年赵亮熙游南明山诗碑

纵 167 厘米，横 96 厘米

当代拓本，丽水越风堂藏

该碑位于南明山石梁，为清光绪年间处州（今丽水）知府赵亮熙所题。赵亮熙，字寅臣，四川宜宾人。咸丰十年（1860）进士。光绪十八年（1892）任处州知府，七月到任，十月游览南明山，顿觉初见之景色“乃昔年梦中所常游玩者，可见凡事皆前定也”，并作《南明山诗碑》。第二年调知台州。三年后，即光绪二十二年（1896）八月，台州知府任满，再次调处州任知府。该诗作于光绪十八年。碑文楷书 10 行，师法欧柳，用笔纯熟完善，法度严谨。

◎ 释文

光绪壬辰十月十三日游南明山仁寿寺。甫入门，/ 见佛殿下两方池，如梦初觉，乃昔年梦中所常 / 游玩者，可见凡事皆前定也。爰戏题四绝以纪之。

凭栏闲玩水澄清，却向栏前更濯缨。此境昔年曾入 / 梦，今朝石上证三生。

闾阎简朴古风留，三月操 / 刀乏远猷。辜负我民肫挚意，匆匆又说向台州。/

浮沉郎署卅三春，同谱无多剩此身。齿发渐衰情未 / 改，问心不负是斯民。

光阴荏苒去如梭，五十余 / 年历境多。直到白头方出守，南明山上且高歌。/

宜宾赵亮熙未是草。

光緒壬辰十月十三日游南明山仁壽寺甫入門
見佛殿下兩方池如夢初覺乃昔年夢中所常
游玩者可見凡事皆前定也爰戲題四絕以紀之
凭欄閒玩水澂清卻向欄前更濯纓此境昔年曾入
夢今朝石上證三生　閭閻簡樸古風留三月操
刀乏遠猷辜負我民肫摯意息息又說向台州
浮沈郎署卅三春同譜無多賸此身齒髮漸衰情未
改問心不負是斯民　光陰荏苒去如梭五十餘
年歷境多直到白頭方出守南明山上且高歌
宜賓趙亮熙未是草

浙江省博物馆沈曾植旧藏《禹陵窆石题记》拓本初考

奚珣强　陈　洁

一、窆石基体概况

窆石位于绍兴市大禹陵景区窆石亭内（图一）。整石通高2.04米，东西宽0.75米，南北厚0.6米。略成圆锥体，底围2.28米，中围2.22米，顶围1.18米。距地面1.8米处，有一南北向、直径约12厘米的圆孔（或曰“穿”）。自地面到0.95米处折断，现有高2厘米的水泥缝补痕迹[①]。在此窆石南面中下部，存有篆书数行，字迹大部分漫漶不清。历代学者对此题记的年代审定，有汉代刻石或三国东吴刻石两说；对于题记的行格，也各有其说。另篆书题记周围，尚存有宋代至民国的题名观款20余处，绝大部分清晰可辨，同为窆石上重要的文化遗存。

▲图一　窆石现状（陈洁 摄）

二、沈曾植旧藏拓本初考

《禹陵窆石题记》的拓本传世尚多，目前所见有国家图书馆藏本（图二）、方可中拓王国维等题跋本、翁同龢题跋本等。这些拓本中，无一例外都出现了清人“山阴朱一林游”的题名观款，所以相对而言，拓本年代并不久远。

① 窆石尺寸数据引自徐德明《绍兴禹庙窆石考》，载《东南文物》1992年第Z1期，第198页。

▲图二　国家图书馆藏拓本（数纸拼接托裱，不代表原石各题刻真实相对关系）

▲图三　浙博沈曾植旧藏本

浙江省博物馆沈曾植（1850—1922）旧藏本（以下简称浙博本，图三），通高1.41米，宽0.655米。此拓本上钤“巨芗墨缘”“沈君”“江氏金石”“曾植私印”“植”“宛委使者章”“泉唐江氏珍藏”“霞秀景飞之室”“小宝晋斋金石文字”共计9枚收藏印。

浙博本是沈氏后人于20世纪50年代所捐，说明最后的私家收藏者即为沈氏，前一藏家为泉唐（即钱塘，今杭州）江氏。因该拓本未见题跋，沈曾植是否对此有过考证，目前不得而知。泉唐江氏其人待考。

细审该拓本，在现嘉庆元年（1796）阮元题名的位置处，出现了“大德十年三月□□/薛□同孙”的元人题名，历代金石学者未有著录。此情况说明，阮元题名是磨去元人题名后覆刻其上，但尚留有元人题名残迹（图四）。此拓本下限年代为清嘉庆元年（1796），上限年代为元大德十年（1306），是目前笔者所见窆石传世最早拓本。

关于薛同孙其人，推定可能是曾著《甬东野人语》四卷的作者[①]。史载“失其字，官宣教郎”。有《独坐》《楼生携酒过新庄田舍》两诗存世[②]。

---

①（清）钱大昕:《元史・艺文志》（清潜研堂全书）第四，别集类廿一页。

②（清）胡文学编:《甬上耆旧诗》卷三。

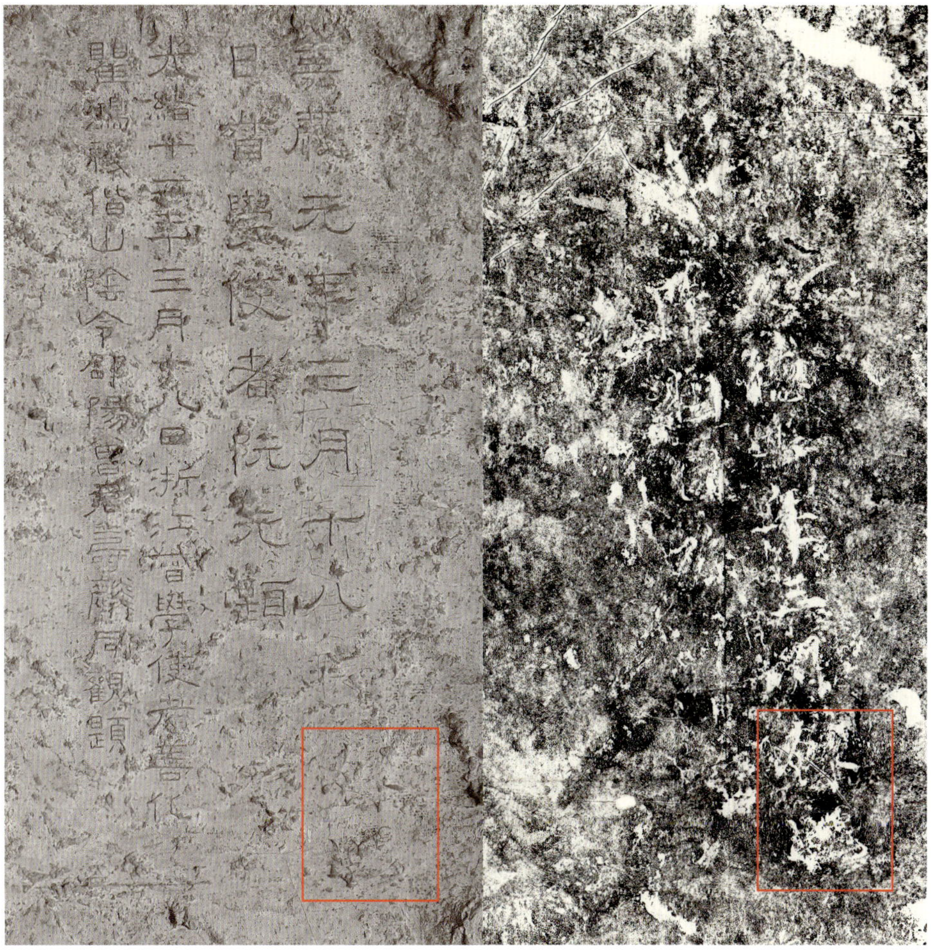

▲图四　阮元题名磨去元人题名后，右下尚存残迹

关于朱一林其人。在题记右侧元人龙朝夫等人诗刻的上部，此拓本并未出现“山阴朱一林游”的题名，而在道光庚戌（1850）方可中拓本中，朱一林题名已现，据此推定，朱一林题名年代可能在1796—1850年间，林为嘉道时期人。林氏其他事迹无考。

关于窆石题记的行格，历代各有其说，未有定论。张希良《窆石汉隶考》载：“以意属读得二十九字，盖汉代展祭之文，寻其隅角，当为五行，行十六字，其下截为元季兵毁，依韵求之，则其下当阙六字。”[1]阮元《两浙金石志》：“今存三行，行十六字，字径二寸。每行首一字下有断裂痕……”[2]杜春生《越中金石记》：“三行，行十一字。”[3]鲁迅《会稽禹庙窆石考》识为三行，每行九字[4]。徐德明《绍兴禹庙窆石考》认为窆石残字共三行，行十一字，共三十三字[5]。就浙博本所见，末行断裂处，上有一较清晰“自”字，与阮元《两浙金石志》所言“每行首一字下有断裂痕”合，与每行十六字不合。从拓本字径排定，如果“自”为末行首字，当为每行十五字。如果“自”上另有一字，则与张希良《窆石汉隶考》“行十六字”合。另龙朝夫诗左下，有二字残存，必定是与左侧篆书连属，推定元人龙朝夫诗覆刻后毁去一部分篆书原文。据浙博本字迹留存状况，笔者认为，一共

---

①（清）杜春生:《赵中金石记》卷一引张希良《窆石汉隶考》，清道光十年山阴杜氏詹波馆刻本。

②（清）阮元:《两浙金石志》卷一《汉》第十五页，浙江古籍出版社，2012年影印本。

③（清）杜春生:《赵中金石记》卷一，清道光十年山阴杜氏詹波馆刻本。

④ 周树人:《鲁迅全集》第八卷《集外集拾遗补编》，人民文学出版社，1981年。

⑤ 徐德明:《绍兴禹庙窆石考》，载《东南文物》1992年第Z1期，第200页。

四行，末三行为十五字，首行字数不明。

关于窆石题记的年代问题，有汉代永建元年（126）五月说，三国东吴孙皓时期（264—280）说。单据浙博本，无从推定。但从浙博本尚存历代未著录的元人题名可知，宋人赵明诚《金石录》所称“汉窆室铭，顺帝永建元年五月”[①]并非臆断，定有所本。笔者采信汉代刻石说。

三、窆石整体碑图

笔者长期困惑于窆石题记，未见整纸全拓本传世。2024年3月，在大禹陵实地调查时，将原石各处题刻一一拍照。现据照片及历代文献，将窆石汉代题记本体及23处题名观款，初始后作整体碑图（图五），以反映当代窆石所有题刻的真实状况及相对位置关系，供学者参考。

1. 宋赵与陛等题名

会稽令赵与陛来游，男孟握侍。

2. 元大德十年（1306）薛同孙题名（被阮元题名覆刻）

大德十年三月，□□/薛□同孙。

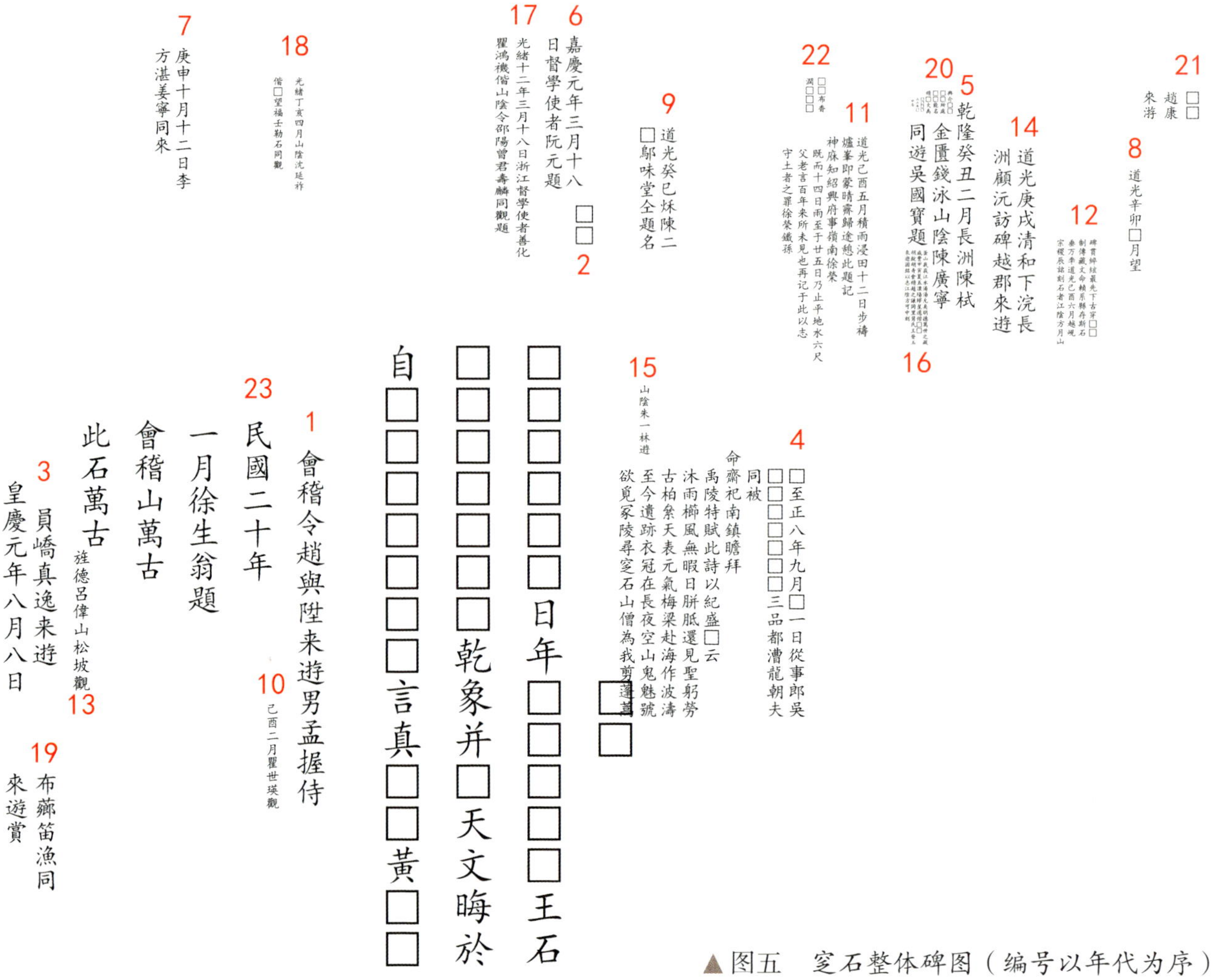

▲图五　窆石整体碑图（编号以年代为序）

---

①（宋）赵明诚:《金石录》卷一《目录》第四页（四库本）。

3. 元皇庆元年（1312）李倜题名

员峤真逸来游，/皇庆元年八月八日。

4. 元至正八年（1348）龙朝夫等诗

□至正八年九月□一日，从事郎吴/□□□□□□□三品都漕龙朝夫，/同被/命斋祀南镇，瞻拜/禹陵，特赋此诗以纪盛□云。/沐雨栉风无暇日，胼胝还见圣躬劳。/古柏参天表元气，梅梁赴海作波涛。/至今遗迹衣冠在，长夜空山鬼魅号。/欲觅冢陵寻窆石，山僧为我剪蓬蒿。

5. 清乾隆五十八年（1793）陈栻等题名

乾隆癸丑二月，长洲陈栻、/金匮钱泳、山阴陈广宁/同游，吴国宝题。

6. 清嘉庆元年（1796）阮元题名

嘉庆元年三月十八/日，督学使者阮元题。

7. 清嘉庆五年（1800）李方湛等题名

庚申十月十二日，李/方湛、姜宁同来。

8. 清道光十一年（1831）佚名题名

道光辛卯□月望……/……

9. 道光十三年（1833）陈二□等题名

道光癸巳秋陈二/□、邬味堂同题名。

10. 清道光二十九年（1849）瞿世瑛题名

己酉二月，瞿世瑛观。

11. 清道光二十九年（1849）徐荣题记

道光己酉五月，积雨浸田。十二日步祷/炉峰，即蒙晴霁。归途憩此，题记/神庥。知绍兴府事岭南徐荣。/既而十四日雨，至于廿五日乃止，平地水六尺，/父老言百年来所未见也。再记于此，以志/守土者之罪。徐荣铁孙。

12. 清道光二十九年（1849）宗稷辰题铭

碑贯綷弦最先下古穿□□/制传藏文命。赖系县存斯石/垂万年。道光己酉六月，越岘/宗稷辰铭，刻石者江阴方月山。

13. 清吕伟山题名

旌德吕伟山松坡观。

14. 清道光三十年（1850）顾沅题名

道光庚戌清和下浣，长/洲顾沅访碑越郡来游。

15. 清朱一林题名

山阴朱一林游。

16. 清咸丰四年（1854）缪星通等题铭

釜山峨峨，江水汤汤。允矣明德，万世之藏。/咸丰甲寅夏五，溧阳缪星通偕□□/胡锐、胡奇、会稽赵之谦、同里舅氏王晋玉/来游，因铭以志。江阴方可中刻。

17. 清光绪十二年（1886）瞿鸿禨等题名

光绪十二年三月十八日，浙江督学使者善化/瞿鸿禨，偕山阴令邵阳曾君寿麟同观题。

18. 清光绪十三年（1887）沈延祚等题名

光绪丁亥四月，山阴沈延祚/偕□望、福壬，勒石同观。

19. 布芗等题名

布芗、笛渔同/来游赏。

20. 某六年佚名题名

兴介□□/□□所处/□□能名/稽□大禹/□□□□/山六年□/中志。

21. 赵康题名

□□/赵康/来游。

22. 布香题名

□□布香/润□□□。

23. 民国二十年（1931）徐生翁题名

民国二十年/一月，徐生翁/题。/会稽山万古，/此石万古。

岣嵝碑研究

曹锦炎

一、引　言

湖南省的衡山，古称南岳，为湘、资二水的分水岭，主峰称岣嵝峰，在衡阳市北。山上有一处古今闻名的刻石，俗称“岣嵝碑”。后人见其文字奇古，遂附会为夏禹治水时所刻，故也称之为“神禹碑”或“禹碑”。原刻久湮未显，现今流传的拓本均为后世所摹刻。

近人杨震方在其《碑帖叙录》“岣嵝碑”条下云：“岣嵝碑，在湖南衡山祝融峰，即‘岣嵝峰’，又谓在衡山县密云峰。传为夏禹时所建，然宋代金石家对此未加论述，至明杨慎始盛加赞美，即著名于世。于是各地起而重刻，现云南昆明、四川成都、湖南长沙、西安碑林、河南汲县等地均有摹刻本，凡七十余字。此碑书法非篆非蝌蚪文，颇为独特，实难信其为古代之文字。”

对“岣嵝碑”文字的研究，自明人杨慎始，代有其人。然众说纷纭，或以为是夏代文字，或以为是蝌蚪文，或以为是甲骨文，或以为是比甲骨文更早的文字，更有人哀叹它为人类无法辨认的“天书”[①]。有清以来，也有人持否定态度，甚至直斥其为杨慎伪作。“岣嵝碑”由于其文字奇谲诡异，所以，扑朔迷离，迄今仍带有神秘色彩。

前人对“岣嵝碑”的识读，大多附会夏禹治水之说，穿凿牵强，自不可据；然后世持虚无主义态度，斥其为伪，亦未公允。笔者对“岣嵝碑”注目有年，探索研究，时有新获，今经董理，以就正于方家。

二、传闻与记载

王昶《金石萃编》卷二载“此碑（指‘岣嵝碑’）自南宋始出”，发现者为何致（字千一）。朱彝尊《曝书亭集·书岣嵝山铭后》也谓：“地志称，宋嘉定中有何贤良致，于祝融峰下，樵子导之，至碑所，手摸其文以归，奉曹转运彦约。时人未信，致刻之于岳麓书院。”宋张世南《游宦纪闻》中，详细记载了这一发现经过：“何贤良名致，字子一[②]，嘉定壬申游南岳至祝融峰，案岳山图，禹碑在岣嵝山，询樵者，谓采樵其上，见石壁有数十字。何意其必此碑，俾之前导。过隐真屏，复渡一二小涧，攀萝扪葛至碑所，为苔鲜封，剥读之，得古篆五十余，外癸酉二字，俱难识。……而其形模果为奇特，字高阔约五寸许。”由于此碑所出较晚，故宋人有关金石著作中不见刊布。

知衡山有古刻摩崖，其实并非始于宋。

《吴越春秋》卷六载：“（禹）乃案《黄帝中经历》，盖圣人所记，曰：‘在于九山东南，天柱号

① 林琳：《禹碑之谜》，《中外历史》1987年第2期。

② “子”系“千”字之误。

曰宛委。赤帝在阙。其岩之颠承以丈玉，覆以磐石。其书金简，青玉为字，编以白银，皆瑑其文。'禹乃东巡，登衡岳，血白马以祭，不幸所求。"大禹云云，纯系古史传闻，不足为据。然透过禹登衡山以求金简这一传说，可知衡山当有古刻存在。郦道元《水经注》谓"（禹）治洪水，血马祭（衡）山，得金简玉字之书"[①]，指的是同一件事。

刘显《粹玑录》载："萧齐高祖子铄封桂阳王，时有山人成翳游衡岳，得禹碑，摹献之王。王宝之，爰采佳石翻刻，始见于世。"刘显为南朝梁时人，这里明确提到衡山有所谓"禹碑"的存在。文中谓萧铄曾以摹本刻石，然世传诸法帖均不见此本。

唐代大文豪韩愈曾游衡山寻找此碑，《谒南岳庙兼岣嵝山》诗云："岣嵝山尖神禹碑，字青石赤形模奇。科斗拳身薤倒披，鸾飘凤泊拿虎螭。事严迹秘鬼莫窥，道人独上偶见之……千搜万索何所有，森森绿树猿猱悲。"[②]可见其未亲眼见到，仅得之于道人之口。诗人刘禹锡也曾听说衡山有古碑，其《寄吕衡州》诗云："尝闻祝融峰，上有神禹铭。古石琅玕姿，秘文螭虎形。"[③]崔融也有文云："於铄大禹，显允天德。龙画傍分，蝶书扁刻。"[④]大概他是见到原刻的，否则所述不可能如此形象。

唐代的发现，除了诗文以外，还见于徐彦所著的《五宗禅林观空录》："六祖慧能法徒行思，思传希迁于湖南，迁徒永昙上衡山岣嵝峰。一夕起溺，忽见光芒彻窗壁如火，惊出，视其光发自峰，椒林草石皆赤，逾时乃灭。翌日率徒众负锄攀援陟览，得石洞，蒙茸翳蔽，斩棘而入。洞壁有蝌蚪书，字大如拳，不可识。因忆峰故传禹碑，循环觅，无之，疑此是也。昙默溯上古未有碑名，皆云立石，益信大禹纪绩非碑，乃镌岩石耳。"记载虽具神话色彩，但永昙发现此刻石当是事实，而且明确指出是摩崖石刻而非碑。

宋陈田夫《南岳总胜集》载："云密峰半有禹碑，禹王至此，量之高四千一十丈，皆蝌蚪之书。"文中引毕田《咏禹碑诗》："治水功成王业兴，嘉谟垂世坦然明。琰刻蝌蚪犹难识，况在深云隐不成。"又引徐灵期《衡山记》云："云密峰有禹治水碑，皆蝌蚪文字，碑下有石坛流水萦之，最为胜绝。"记述较为具体。苏东坡曾有诗赋"岣嵝碑"："忆昔周宣歌鸿雁，当时籀史变蝌蚪。厌乱人方思圣贤，中兴天为生耆耇……何人作颂比嵩高，万古斯文齐岣嵝。"[⑤]苏子不囿旧说，独具慧眼。大儒朱熹及张栻也曾游览衡山，寻找过此碑[⑥]。可见，北宋时期仍有关于"岣嵝碑"的传闻和记载。

上述材料表明，在南宋何致摹刻以前，衡山有古代石刻即所谓"禹碑"的存在，并非是荒诞无稽的神话。其流传时间之长，范围之广，更不是后人以"伪作"二字所能替代。特别是今天我们通过研究，已证明其为先秦刻石（详下文），更能证实这些记载的可靠性。

三、翻刻和流传

宋刻明拓本"岣嵝碑"篆文末，有楷书题跋三行："右帝禹刻南岳碧云峰峭壁间水绕石坛之上，

---

① 顾祖禹:《读史方舆纪要》八十三"衡州府衡阳县"条下，也有类似记载。
② 见《韩昌黎文集》。
③ 见《刘宾客文集》。
④ 见杨慎:《升庵文集》引。
⑤ 见《东坡全集》。
⑥ 朱熹后作《韩文考异》，遂谓韩愈诗为传闻之误。张栻文见《南轩文集》。

何致千一以论禹□国，穷幽得之，众谓虞夏之书，刊之□□□，详记在山下。”[①]摹刻经过与时间均未道及。上引张世南《避宦纪闻》载，何致发现刻石后，“取随行市买历碎而模之，每摹二。虽墨浓淡不匀，体画却不甚模糊。归旅舍，方凑成本。何过长沙，以一献连帅曹彦约，并柳子厚所作及书般舟和尚第二碑；一揭座右自为宝玩。曹喜甚，牒衡山，令搜访。柳碑本在上封寺，僧法圆申以去冬雪多，冻裂之，禹碑自昔人罕见之，反疑何取之他处以诳曹。何遂刻之岳麓书院后巨石，但令解柳碑来，匣之郡庠而已”。文中将何致墨拓及翻刻的经过及原因，已交代得十分清楚，但刊刻年月仍未涉及。应该指出的是，岳麓书院后何致刻石侧面另有宋代匠人题记，传世各种拓本均未收，只见著录于清陈运溶《湘城访古录》和陆增祥的《八琼室金石补正》，文曰：“嘉定壬申秋，用七十二工。长沙匠何兴、李曾美，西川监王兴勒字青诏。”三行，字径二寸许。此题记不仅注明何致拓本摹刻于嘉定壬申（南宋宁宗嘉定五年）即1212年秋天，以及用工之数、刻工姓名，而且还证明了此石即宋刻原石，弥足珍贵。后世所传各本，均源于此石[②]，为翻刻流传之“岣嵝碑”祖本。浙江省图书馆藏有该石的明拓本，字口清晰，拓工较精，堪称善本[③]。

何致刻石历几百年，后渐湮，明嘉靖甲午（1534），长沙郡守潘镒得于岳麓山草莽中，始拓以传世[④]。后何刻剥蚀不清，顺治末彭而述覆镌之[⑤]，故今传清拓岳麓书院本字体不类明拓，已非宋刻旧貌。

兹将明嘉靖甲午后各地翻刻流传情况略作勾稽，以明其渊源所在。

嘉靖甲午年（1534），进士张素在长沙岳麓书院见到此石，丙申年（1536）持拓本归家乡云南安宁，赠予谪戍云南的杨慎。杨见而异之，乃作释文，且歌叙其事，并倡议以此拓镌刻于安宁法华寺鸡岭岩壁，此为云南本。民国年间，因该碑泐甚，当地父老又用此本旧拓另刻于县北温泉岩洞内，行款则改为七行[⑥]。杨慎后来又用岳麓书院本覆刻于家乡四川成都，是为成都本。

嘉靖乙未（1535）秋，南京礼部尚书湛若水得某人所赠拓本，后来张襄将其刻于南京新泉书屋，碑中篆文每字下注以杨慎、沈镒释文[⑦]，是为新泉书屋本。辛丑年（1541）冬，安如山以新泉书屋本覆刻于浙江绍兴禹陵[⑧]。绍兴禹碑刻于嘉靖二十年(1541)，而新泉书屋本已有杨慎释文，则其刊石时间当在嘉靖十五年到二十年（1536—1541）之间可知。是本据禹陵拓本所见，比较忠实于宋刻，虽行款更易，仍不失为佳本。需要指出的是，前人或以为新泉书屋本非出自岳麓书院本，其致误原因主要来自湛若水《甘泉文集·禹碑叙》：“余来为南礼部尚书之明年，传闻衡山有禹碑发于地中，即欲往观而未能。又明年为嘉靖乙未之秋，楚士有摹神禹碑来遗者。”绍兴禹碑中知府张明道跋亦

---

① 此跋也见江昱《潇湘听雨录》、王伯绥《禹碑考》及陆增祥《八琼室金石补正》，所录均有残缺和误释。

② 据杨时乔《禹碑考证》碑及汪师韩《韩门缀学》云，何致也曾记得于夔门观中，然后世未见传本。

③ 近人诸暨余生耀旧藏，浙江省图书馆古籍部提供，志此致谢。张彦生《善本碑帖录》谓“何刻原拓无传”，不确。

④ 杨时乔:《禹碑考证》碑，万历三十二年。据熊宇《岳麓书院石壁禹碑记》及清江有溶《大禹碑跋》，则云“嘉靖癸巳”，早一年。

⑤ 王伯绥:《禹碑考》。

⑥ 法华寺禹碑张素跋文；林冲:《禹碑探迹》，《文物天地》1984 年第 1 期。

⑦ 湛若水:《甘泉文集·禹碑叙》及杨时乔:《禹碑考证》碑。

⑧ 绍兴禹碑明知府张明道跋。绍兴市文化局编《绍兴名人名胜录》谓是碑“知府张明道以岳麓书院本翻刻于此”，《金石萃编》云“乃明安如山等以杨氏本所摹其石”，均不确。按“禹陵碑”行款既不同于岳麓书院本，也不同于杨慎本，释文同于新泉书屋本。特别是张跋中只提新泉书屋刻石，又云“近衡山土裂而古碑出焉”，不言岳麓书院发现，实为照搬湛若水之说，此为禹陵碑出新泉书屋本之确证。

谓："近衡山土裂而古碑出焉。"所谓出自衡山云云，咸系传闻而非亲眼目睹。况且岳麓书院何刻之发现为嘉靖甲午，与传闻衡山出土禹碑为同年之事，一年中两地发现同一碑，岂非怪事？实因衡山古"岣嵝碑"的摹刻本重新发现于长沙，以讹传讹，遂以为古碑出自衡山矣。尤为重要的是，湛文又谓拓本中"独于碑末有小楷书'右帝禹刻'四字，意者必后来汉唐人见此碑别有所考据而题之"，可见湛若水所得本中文末有题记，而此题记恰恰是岳麓书院本的何致题记。可能是拓本不清，故其只见首四字。倘所见为衡山古"岣嵝碑"之拓本，焉能出现此题记？此为新泉书屋本出自岳麓书院本之铁证。

继新泉书屋刻石后，万历中杨时乔又以岳麓书院本刻于江苏栖霞山天开岩，并作长篇考证附其旁，此为栖霞本。后杨氏将考证寄往长沙，重刻于岳麓书院旧所。据岳麓书院杨时乔考证碑，作于万历三十二年（1604）二月，则栖霞本至迟不能晚于是年刊刻[①]。万历丙午（1606），副使邓以清以栖霞山本翻刻于祝融峰观日台[②]。万历年间，副使管大勋用岳麓书院本刻于衡山石鼓书院，后毁，知府李拔重摹。康熙初僧道重又以管本刻于岣嵝峰雷祖殿后[③]。明代之翻刻，尚有容璜刻于江苏扬州甘泉书院[④]、张应吉刻于河南汤阴[⑤]。又河南汲县也有刻本，云是万历中潞王所立[⑥]。

清代之翻刻，康熙年间，有毛会建刻于大别山，丙午（1666）毛氏又刻于西安碑林[⑦]。据毛跋云是本出自岳麓书院本，检阅拓片字体，则同于流传的清拓岳麓书院本，且逊于该本，非宋旧刻，可见清初宋刻覆镌之说不误。康熙癸丑（1673），李藩刻于山东黄县[⑧]。咸丰十一年（1861），侯建功摹刻于甘肃兰州禹王庙（现树于白塔禅院），其摹自何处，侯跋未作说明，从整体看，可能出自西安碑林本[⑨]。光绪年间，巡抚刘树棠又摹刻于河南开封禹王台（即古吹台）禹王殿[⑩]。尚有高氏本，见《墨林快事》。又有济南长山本、归德府署本等[⑪]，俱为重摹。

1984年，福建省博物馆的工作人员在漳浦赵王城内发现的"岣嵝碑"残石，仅存首尾两石[⑫]。根据石数（四块）及行款等情况看，此刻时间不会早于清季。

以上仅就笔者所掌握之材料而言，肯定尚有遗留，俟知者有以补之。

四、析字与考释

考察"岣嵝碑"文字，虽然较为奇诡，再加上又是宋代所摹刻，难免走样，甚至出现误笔等情况[⑬]，但它确是有所根据，并非向壁虚造。

---

① 杨时乔：《禹碑考证》碑；嘉庆《湖南通志》。

②③⑤ 嘉庆《湖南通志》。

④ 见湛若水：《甘泉文集》；朱继圣：《禹碑辨》；嘉庆《湖南通志》；王昶：《金石萃编》。

⑥ 嘉庆《湖南通志》；黄叔儆：《重立岣嵝碑记》。

⑦ 见西安碑林本毛会建跋；嘉庆《湖南通志》；王昶：《金石萃编》。

⑧ 见李藩所撰记；嘉庆《湖南通志》；王昶：《金石萃编》。

⑨ 见吕子玉：《兰州白塔山"禹王碑"考补并试析》，《兰州学刊》1987年第2期。

⑩ 见张盛智：《古吹台·禹王台·三贤祠》，《文物天地》1984年第4期。

⑪ 见嘉庆《湖南通志》；王昶：《金石萃编》。

⑫ 此蒙福建省建阳师范学院徐明同志告知，并惠以其论文《从漳浦赵王城摹刻岣嵝碑试探岣嵝碑字的源流》（油印稿），志此致谢。

⑬ 宋人及清人金文著录中，此类例子甚多，有些器物今仍传世，可以对比。

对先秦古文字稍有涉猎的读者知道，春秋战国时期是汉字形体发展史上比较混乱的一个阶段，文字异形，诸体杂陈，区域特点更为显著，尤以战国文字变化为甚。再有种种我们不熟悉的结构形式，以及普遍使用的同音通假。因此，辨识难度较大，特别是特殊字体更是如此。有些传世的战国文字资料，直到近年才得以确认。如宋人金文著录中的所谓“夏带钩”即鸟书带钩，其实是一篇箴言[①]，即其典型的例子。许慎《说文解字·叙》说文字有八体：大篆、小篆、刻符、虫书、摹印、署书、殳书、隶书，到王莽时则改为六书：古文、奇字、篆书、佐书、缪篆、鸟虫书，里面都提到过这种特殊的字体。

目前所掌握的材料表明，这一时期的特殊字体，主要流行于南方的吴、越、楚、蔡等国。而前人所谓的蝌蚪文，实际上是指用毛笔书写的文字，其特点是笔画中肥末锐，形似蝌蚪，流行于三晋地区[②]。南方流行的特殊字体，实际上是一种美术字，后人称之为“鸟虫书”。容庚先生曾指出：“春秋战国期间，有三种异体，通行于楚越，尚需说及：1. 奇字钟，原文无法认识。2. 鸟书，如楚王酓璋戈，错金书。鸟书见于兵器者尚多，彝器只有一个越王钟。……3. 蚊脚书，如楚王酓肯盘，每字都作长脚下垂。”[③]其实，容先生所指出的前两种异体，仍应归入一类，只不过有时候某些器铭的鸟形特征略微突出而已。

“岣嵝碑”的字体，正是这种南方流行的特殊字体即鸟虫书，它与传世的能原镈[④]及宋薛尚功《历代钟鼎彝器款识法帖》著录的之利钟（商钟四）、越王钟（商钟一至三），如出一辙。因此，仅从字体着眼，即可以得出“岣嵝碑”是春秋战国时刻石的结论。

下面，我们对“岣嵝碑”的字形作具体分析。为便于读者了解释文依据及方便印刷，特制成字表如次（见下附表）。第一列为“岣嵝碑”原字形，第二列为我们析出的字形（去掉饰笔、误笔），第三列为校正后的字形（毋须校正者则不列），第四列为参照字形（同字或以为偏旁），第五列为隶定的释文。

字形分析表

---

① 李零:《战国鸟虫书箴铭带钩考释》，载《古文字研究》第 8 辑，中华书局 1983 年版。

② 李学勤:《东周与秦代文明》，文物出版社 1984 年版。

③ 容庚、张维持:《殷周青铜器通论》，科学出版社 1956 年版。

④ 即容庚文中的奇字钟，现分别收藏于故宫博物院和台北故宫博物院。

字形分析表

原形	析字	校正	参照	隶定
				酉
				承
				釘
				戉
			a	臣
				富
				亘
			a	朱
				勹
			a	凡
			a	吕
				恧
			a	巛
				乎
			c a	日
			b	登
				余
				盟
				於
				此
				曰
				虔
			d	宔
			a	山
			a	鹿
			c	女

原形	析字	校正	参照	隶定
				弻
			a	益
				畐
			c a	利
				灷
				四
				行
			a	王
			a	生
			c	禾
				遨
			a	卑
			a	帀
			a	長
			a	黍
			a	[illegible]
			a	王
			a	夙
				夕
			e	[illegible]
			e	賞
				穆
				用
				工
				[illegible]
				允

（续表）

原形	析字	校正	参照	隶定
				有
				作
				南
				夆
				𣶒
				百
				匕
				则
				丘
				田
				烟
				艸
				鼏
				窑
				用
				拜
				光
				弅

说明：本表参照栏所注代码，“a”指小篆，“b”指《说文》籀文，“c”指宋薛尚功《历代钟鼎彝器款识法帖》，“d”指《侯马盟书》，“e”指《古玺文编》，“f”指《古陶文香录》，不注明者皆采自新版《金文编》。

根据上表，将释文依原碑行款隶定如下，并作考释。

佳（唯）王二年六月丁酉，承鈳（嗣）戉（越）臣害（宪）亘朱丩（句），凡㠯（以）思（怒）巛（顺），氒（厥）日登。余盟（盟）于此，曰：“虔宔（主）山鹿（麓），女（汝）弼益畐（福），利弅（朕）四行，王生（姓）禾（和）逌（攸），卑（俾）帀（师）长黍。”揚（扬）王。夙夕袌赏，穆用工，期（期）允有乍（作）。南夆（峰）𣶒（渊）百（陌），匕（曲）则（侧）丘田，烟艸（草）鼏窑。用拜光弅（朕）。

唯王二年六月丁酉

这是记录登临的日子。据下文，作铭者为越国朱句，则“王”乃指越王。按越世系典籍记载有所不同，《竹书纪年》及《史记·越世家》均载朱句上一世为“不寿”，而《吴越春秋》与《越绝书》均夺去，以朱句为与夷子、句践孙。陈梦家先生在《六国纪年》一书中曾详加考证，肯定了《竹书纪年》的说法，此不烦引。《竹书纪年》述越世有年数，据杨宽先生《战国史·战国大事年表》，不寿应于公元前457—前448年在位，则可定本铭作于公元前456年六月丁酉日。越用夏历（见《国语》），查张培瑜《中国先秦史历表》，公元前456年六月癸巳朔，丁酉日为初五日，正符合历朔。

承嗣越臣宪亘朱句

朱句继不寿为王，在位三十七年。此时尚未即位，故称“承嗣越臣”，既表明了自己的嗣王身份，又说明了其臣子的地位，一语双关。关于朱句之名，典籍只有《竹书纪年》作“朱句”，余皆作“翁”。传世越王朱句兵器有剑和矛，近年又有出土，陈梦家先生与笔者均作过统计[①]，铭文皆作“州句”，“州”“朱”音近，故可通假。“句”字从“丩”得声，所以“丩”可读为“句”。碑文同于《竹书纪年》。“宪”，《说文》曰：“敏也。”《周书·谥法》：“博闻多能曰宪。”“亘”，读作“桓”，《周书·谥法》：“辟土服远曰桓，克敬勤民曰桓。”典籍或作“桓桓”，乃重言形况字，形容人的威仪《尚书·牧誓》：“尚桓桓”；《诗·周颂·桓》：“桓桓武王。”金文则作“趄趄”，如虢季子白盘：“趄趄子白。”《尔雅·释训》：“桓桓，威也。”《广雅·释训》：“桓桓，武也。”此称“宪桓”，是朱句的自称之词。这种自称例子，金文中多见，如秦公簋：“秦公曰：‘……余虽小子，穆穆帅秉明德，烈烈趄趄’”；妟人钟“妟趄趄圣趚”，及上引虢季子白盘，均是其例，不备举。

凡以惄顺，厥日登

《广雅·释训》：“凡，要也。”《春秋繁露·深察名号》：“凡者，独举其大事也。”“惄”字金文皆从“弔”，亦皆用同“弔”，善也，俗写作“淑”，而与《说文》所说的饥、忧之义无涉。“巛”即“顺”之省作，中山王器作“巛心”，从“心”。《孝经》：“以敬事长则顺。”《左传》襄公三年：“师众以顺为武。”杜预注：“顺，莫敢违。”“厥日”，其日。登，《尔雅·释诂》谓“升也”，此指登衡山。

余盟于此

“盟”，古或体“盟”字。《周礼·秋官·序官》“司盟”郑玄注：“盟，以约辞告神，杀牲歃血，明著其信也。”按古代有对五岳之祭祀礼，《周礼·春官》：“大宗伯之职，掌建邦之天神、人鬼、地之礼，以佐王建保邦威。……以血祭祭社稷、五祀、五岳，以狸沈祭山、林、川、泽。”祭五岳除用血祭外，兼有埋祭，见《诗经·大雅·凫鹥》孔颖达疏。古代对山川祭祀，源于对自然神之崇拜，五岳四渎是山川之尊，更需重祀。衡山是南岳，自在祭祀之列。

曰：“虔主山麓，汝弼益福，利朕四行，王生和攸，俾师长泰。”

“曰”下五句，是祭祀时的祷辞。

“虔”，《广雅·释诂》：“敬也。”“主”字作“宔”，从“宀”，见于中山王器及侯马盟书。“主”，主持、掌管之义，《史记·天官书》：“太白主中国。”《孟子·万章》：“使之主事而事治。”是其义。“鹿”，读为“麓”，《释名》：“山足曰麓。”《说文》：“林属于山为麓。”此处言“山麓”泛指整个衡山

① 陈家梦：《六国纪年》；曹锦炎：《吴越青铜器铭文概述》，载《古文字研究》第17辑，中华书局1989年版。

区域。

"汝"字作"女"，金文无例外，此指衡山，亦即南岳之神。"弼"，《说文》谓："辅也。"《尚书》大传："左曰辅，右曰弼。""益"，《说文》谓："饶也，从水皿，水皿益之意也。"[①]"益"即"溢"之本字，象器皿中水满外溢之形，引申为满、裕、富、增、多等义，后世作"溢"，赘增"水"旁。此种例子甚多，如"奉"作"捧"、"共"作"拱"等，均为叠床架屋。此言衡岳为越国之辅而增国以福。

"朕"从"夯"得声（今楷声旁作"关"为隶变），故可省作"夯"。"朕"，我也。"四行"，四方之出行。金文常见"以征以行""用征用行"等套语，吴诸樊剑铭文"余处江之阳，至于南行西行"，可以参看。

"生"，读为"姓"。《尚书·舜典》："帝厘下土方，设居方，别生分类。"传："生，姓也。"金文兮甲盘"诸侯百生"、臣辰盉"百生"、史颂簋"友里君百生"，"生"均读为"姓"。"王姓"，王的同姓，指王族而言。"王生"之"王"字，也有可能是"百"字。"百生"即"百姓"，这里泛指国人，沇儿钟铭文有"和会百生"，义与此近。"禾"，读为"龢"，金文"龢钟"或作"禾钟"，是其证。经典通作"和"。《一切经音义》引《说文》谓"音乐和调也"，实和之本义，引申为和顺、和谐之意。"逌"为"攸"之繁构，《说文》："攸，行水也。"《六书故》引唐本作："行水攸攸也。"本指水流貌，引申为自得之义，《孟子·万章》："少则洋洋焉，攸然而逝。"

"卑"，读为"俾"，《尚书·无逸》"文王卑服"，马本作"俾"；㦹簋"俾克厥敌"，"俾"作"卑"，是其证。《尔雅·释诂》："俾，使也。""师"字殷墟甲骨文和西周金文均作"𠂤"，西周中期以后有"师""帀"二形，前者用作官名（如大师、师氏），后者指军队，春秋战国时大多省作"帀"。"黍"，《说文》云："禾属而黏者也。"今称黍子，去皮称大黄米。《韩非子·外储说》："夫黍者，五谷之长也，祭先王为上盛。"故"黍"有时可泛指庄稼。本铭的"黍"用为动词，殷墟甲骨文言呼黍于某地习见，"黍"也用作动词。"俾部长黍"，谓让军队长期种庄稼，也就是说天下太平、不用打仗的意思。

扬王

称扬王。"扬王休"是金文习见的套语。大概朱句是受王命（或代王）祭衡山，所以要颂扬王。

夙夕袌赏，穆用工，期允有作

"夙"，《尔雅·释诂》云："早也。""夙夕"一词，金文习见，如"敬夙夕，用事"，"虔夙夕，恤厥死事"，"用奔走夙夕"。或作"夙夜"，如"夙夜奔走""用夙夜事"。典籍也有其例，如《国语·晋语》"夙夜征行"，《国语·周语》"夙夜恭也"。"袌赏"，疑当读为"褒尚"，"褒"有进义（见《礼记·乐记》注），"尚"亦有勉力、努力义（见《公羊》襄公二十九年传注），"褒尚"义即进勉。

金文和典籍常见"穆穆"连称，为重言形况语，故本铭"穆"字下当有重文符号。从先秦辞赋及本碑的行文来看，也应为四字一句。《尔雅·释诂》："穆穆，敬也。""用"，《荀子·富国》杨注："为也。"《方言》六："行也。"工，假为"功"，《诗·七月》"载缵武功"，传："功，事也。"允，《广雅·释诂》"信也"，"诚也"。"有作"，有所作为，《尔雅·释言》："作，为也。"《礼记·礼运》："后圣有作。"

---

① 此依段注本改。

此三句是朱句说他日夜进勉，敬谨行事，希望必定有所作为。“夙夕褎尚”与下句之“穆穆用工”连在一起，实为金文“夙夕用事”句之扩延。

南峰渊陌，曲侧丘田，烟草鼏寍

“夆”，假作“峰”。《说文》“渊”字古文作“𣶒”，同此。《管子·度地》：“水出地面不流，命曰渊水。”《论语》“如临深渊”，孔安国注：“潭也。”“百”，读为“陌”，《广雅·释室》：“陌，道也。”《史记·秦本纪》：“开阡陌。”陌本指田界，后泛指田间通道。

“曲”字作“𠃊”，见于鸟虫书箴铭带钩及三孔布币文，从带钩铭“宜𠃊则𠃊，宜植（直）则直”之“𠃊”与“直”相对，可以肯定曲字无疑[①]。“则”，读为“侧”，《说文》：“侧，旁也，从人，则声。”丘田，山田。《说文》：“丘，土之高也。”《汉书·司马相如传》：“以登介丘。”颜师古注：“山也。”《易·坎》大传：“山川丘陵也。”虞翻注：“半山称丘。”

“烟草”，泛指气烟及草树，《素问·六元正纪大论》有“草树泛烟”句，可参看。“鼏”，按《说文》解释，是“以木横贯鼎耳而举之”，即指鼎铉；从古文字考察，当即“幎”之本字。典籍假“幎”为“鼏”习见，也是旁证。“鼏”读为“谧”[②]，静也。寍，《说文》云：“安也。”今通作“宁”。“鼏宁”，安静也。国差𦉜“齐邦鼏静安寍”，用法与此同。

此三句是即景而赋，远望南面山峰，水潭道路，旁依弯弯曲曲之丘田，草树浮烟，一片宁谧太平景象。

用拜光朕

《仓颉篇》：“用，以也。”《广雅·释诂》：“光，照也。”引申为宠，《广雅·释诂》：“光，宠也。”此句谓拜谢王对自己的光宠，与前句“扬王”相呼应。

本铭是一篇登高祭山之辞，虽多套语，但仍不乏精彩之句，特别是最后即景而赋，堪与石鼓文媲美。这在先秦器物铭文中是很难见到的[③]。

五、相关诸问题

上面我们已经对“岣嵝碑”作了全面的研究，下面想就由此涉及的几个问题，作简短的讨论。

1. 关于刻石之所

关于刻石的确切处所，前人说法不一，有“岣嵝峰”“祝融峰”“云密峰”“密云峰”“碧云峰”等说。按衡山群峰，以祝融、紫盖、云密、石廪、天柱五峰最大，分隶七十二峰，岣嵝峰隶属于石廪，碧云峰隶属于云密。何致亲诣碑所，将拓本带回，题记中明云“碧云”。徐灵期《衡山记》谓在“云密”，然所记之地理环境与何致题记完全吻合（碑下有石坛流水环绕），可知必为一地，当以何

① 李零：《战国鸟虫书箴铭带钩考释》，载《古文字研究》第8辑，中华书局1983年版。

② “鼏”与“密”相通，见朱骏声：《说文通训定声》，《尔雅·释诂》：“密，静也。”《孟子》“四海遏密八音”注“无声也”，“密”即“谧”之假字。所以，“鼏”可读为“谧”。

③ 关于“岣嵝碑”释文，前人对“此”“麓”“哀”“南”“宁”五字已识出，余皆不可取。徐明先生也识出了“黍”字，见徐文。

说为准，刻石应在碧云峰。因碧云峰隶属云密峰，自然也可称为“云密峰”。所谓“密云峰”，衡山七十二峰无此峰名，当是“云密”（或“碧云”）之讹。至于岣嵝峰，因其为衡山主峰，故衡山亦称岣嵝山。《山海经》郭璞注：“衡山，南岳也，一名岣嵝山。”因此，所谓岣嵝山，并非专指岣嵝峰，也可泛指七十二峰，只要其不出衡山范围即可。这犹如浙江的“天台”，并非专指天台山，也可泛指整个天台地区[①]，是同样道理。可见，刻石只要在衡山范围以内，仍然可称在岣嵝山，“岣嵝碑”的得名，亦即源于此。另外，祝融峰之说，前人已将其与佝偻峰相混，自可不必辩。

近年来，全国文物部门正在开展文物普查工作，有些久湮不见的石刻重新被证实，如只见于王彦威《台州府志》记载的所谓“韦羌蝌蚪”崖刻，已由浙江仙居县文管会发现，即其一例[②]。我们相信，随着普查工作的深入，原刻“岣嵝碑”有可能会重见天日。

2. 关于越国疆域

朱句能在不寿二年登衡山刻石，且在碑文中只字不提楚国，显然此时衡山（至少是一部分）应属于越国所有。

按楚人进入沅湘流域，约在楚悼王时期，《后汉书·南蛮西南夷列传》：“吴起相悼王，南并蛮越，遂有洞庭、苍梧。”据此，衡山在此前当为越之所有（当然，也不排除本属吴地的可能性，详下）。《国语·越语》载：“句践之地，南至于句无，北至于御儿，东至于鄞，西至于姑蔑。”其四至比较清楚，但这里指的是句践后期尚未灭吴时的情况。灭吴后，越自然拥有吴之全境。诚然，典籍中并无明确记载衡山属吴地，但有关史料值得重视。《左传》襄公三年：“楚子重伐吴……克鸠兹，至于衡山。”杜预注以鸠兹在芜湖县东，衡山在吴兴乌程县南，然两地相距甚远，前人颇疑之，以为此衡山应指安徽当涂县北六十里之横望山；顾炎武则以为在丹阳县，今名横山[③]。此处之衡山，是否即湖南之衡山，值得考虑。此其一。《史记·吴太伯世家》：“公子光伐楚，拔居巢、钟离。”两地一属庐江，一属九江，均距湖南不远。特别是阖庐九年，吴伐楚五战五胜，“吴兵遂入郢”。倘衡山早已属楚，此后，衡山归入吴国版图，越灭吴，又入越境，也并非不可能。此其二。又，《汉书》载淮南王《谏伐闽越书》言：“越人欲为变，必先由余干界中。”则越之疆域本至江西弋阳、贵溪二县，《大明一统志》亦谓：“（贵溪）本越之西境，为越余地，汉置余干县。”特别是据考古发掘资料，如1979年发掘的贵溪崖墓群，表明这一带确是越地[④]，衡山有可能原也属越所有。尤其重要的是，在湖南的湘乡、湘潭、衡阳、益阳等地的春秋战国墓中，常常出土具有越族风格的青铜器[⑤]，如所谓“靴形钺”“王字矛”等，在浙江各地也屡有发现，我们早就指出过，它们是典型的越族文物[⑥]。倘衡山属越成定谳，上述各地出土大量越器本属情理中事。则墓葬属越抑或属楚，值得进一步推敲。

---

① 元胡三省，为宁海人，而其注《资治通鉴》署名则云：“后学天台胡三省。”参见徐三见：《天台小考》（油印稿）。

② 台州地区文管会文物普查资料。

③ 顾炎武：《亭林文集》。

④《江西贵溪崖墓发掘简报》，《文物》1980年第11期。

⑤ 高至喜：《湖南发现的几件越族风格的文物》，《文物》1980年第12期；《湖南益阳战国两汉墓》，《考古学报》1981年第4期。

⑥ 曹锦炎、周顺生：《浙江鄞县出土的春秋时代铜器》，《考古》1984年第8期。

六、结论

综上所述，可归纳出几点结论：

1. 衡山“岣嵝碑”是客观存在的先秦刻石，并非出于后人伪造，但也不是夏禹时代的作品。

2. “岣嵝碑”是越国刻石，作者为后来继承王位的朱句，刻于公元前456年。它是继秦诅楚文，中山国守丘刻石后，战国刻石的又一大发现，弥足珍贵。

3. “岣嵝碑”的内容是一篇祭祀南岳衡山的刻辞，根本不是大禹治水时的诰文，即所谓“神禹铭”。

4. 刻石的地点在衡山碧云峰，南宋时何致将其摹刻于长沙岳麓书院后巨石上，后世流传于全国各地的翻刻本，均源于此。

5. 越灭吴后，越国的势力范围可能已达衡山一带。

（原载《文物研究》总第五辑，有修改）

隶书杂论
——从浙江汉刻隶书说起

丁万里

两汉是书法史上一个承前启后的关键时期，处于古、今文字交替的重要阶段，隶书的发展和成熟使今文字逐渐取代古文字登上历史舞台。随着字体的变革，书写方法也会随之改变，而且这种改变是极其剧烈的，同时新的书风面貌也应运而生。在字体嬗变的不稳定时期，书法风格会呈现出多样化的发展趋势，书法艺术在东汉也真正进入了自觉的审美时代。

浙江地区的两汉书法遗存，既有墨迹（乌程汉简）也有石刻，虽然数量不及中原地区，但亦有其独特的历史价值和艺术特色，其中《汉三老讳字忌日碑》和《汉建初元年买地刻石》便是重要的东汉早期石刻。前者刻于东汉建武二十八年（52），为典型隶书；后者刻于东汉建初元年（76），书体介于篆隶之间，浑穆古拙。众所周知，汉代的通用书体为隶书，两汉四百余年遗留下来的隶书作品不计其数，风格多样。除了我们耳熟能详的一些经典汉碑隶书，像《汉三老讳字忌日碑》和《汉建初元年买地刻石》这类石刻作品，也是研究两汉书风的重要资料。将这两件作品放入两汉书法史的长河之中，其创作时间所表现出的风格特征，会浮现出诸多隶书的本质问题，如起源、名称、墨迹与石刻的关系等等。

一、关于隶书起源

理清隶书起源的相关问题，有利于我们从隶书发展的整体脉络中审视具体作品的地位和价值。对隶书起源的相关记载，最早见于《汉书・艺文志》，之后魏晋至唐代书论偶有论述。被历代学者提及或引用较多的隶书起源之说主要有以下几条：

东汉班固《汉书・艺文志》曰：“六体者，古文、奇字、篆书、隶书、缪篆、虫书。”颜师古曰：“篆书谓小篆，盖秦始皇使程邈所作也。隶书亦程邈所献，主于徒隶，从简易也。”①

东汉许慎《说文解字・叙》曰：“是时秦烧灭经书，涤除旧典，大发隶卒，兴役戍，官狱职务繁，初有隶书，以趣约易，而古文由此绝矣。”②

西晋卫恒《四体书势》曰：“秦既用篆，奏事繁多，篆字难成，即令隶人佐书，曰隶字。”③

南朝梁庾肩吾《书品》曰：“寻隶体发源秦时，隶人下邳程邈所作，始皇见而重之。以奏事繁多，篆字难制，遂作此法，故曰隶书，今时正书是也。”④

---

①（东汉）班固:《汉书・艺文志》，中华书局，1962 年第一版，第 1721、1722 页。
②（东汉）许慎:《说文解字・叙》，载《历代书法论文选续编》，上海书画出版社，1993 年第一版，第 7 页。
③（西晋）卫恒:《四体书势》，载《历代书法论文选》，上海书画出版社，1979 年第一版，第 15 页。
④（南朝梁）庾肩吾:《书品》，载《历代书法论文选》，上海书画出版社，1979 年第一版，第 86 页。

以上各家所持观点世代相沿，大同小异，主要传达了三点信息：一、隶书产生的时代为秦统一之后；二、隶书产生的原因是奏事繁多，篆书难成，以趣约易；三、隶书的创造者是徒隶程邈。这三点信息明确阐述了隶书产生的时间、原因以及创造者，看似理由充分，实则不符合逻辑。

程邈创造隶书一说，学界早就予以否定。汉字的产生和发展自古带有一定的个人神话色彩，如仓颉造字说、李斯作小篆说等。这些说法极不符合文字发展的客观规律。任何一种新书体的产生，都是某一时期社会劳动者共同作用的结果，不可归于一人之功。而对于隶书发源于秦时一说，前人早已提出过异议，北魏郦道元《水经注》曰："孙畅之尝见青州刺史傅弘仁说，临淄人发古冢，得铜棺，前和外隐为隶字，言齐太公六世孙胡公之棺也。唯三字是古，余同今书，证知隶自出古，非始于秦。"①

齐太公六世孙胡公为西周时期，早于秦统一六百多年，所用文字应为大篆。虽然没有实物遗存来证实这段记载的真实性，但至少能够说明隶书产生的时代一定早于秦统一时。自19世纪末始，大量秦汉简牍的出土，为研究隶书的产生时代提供了既可靠又丰富的实物资料，此处不再赘述。

至于隶书产生的原因——"奏事繁多、篆书难成、以趣约易"，此说有一定道理，但论据显然不够严谨、充分。"篆书难成、以趣约易"符合文字发展由繁到简的大趋势，启功先生认为隶书是篆书"以趣约易"的"俗体书"②。"俗体书"的出现，一方面是因书写速度的提升，另一方面则因笔画的省简。而"奏事繁多"是官方行为，对隶书的普及和发展，确有一定促进作用，可视为主要原因，但官方行为不能代表整个社会的文字使用情况。隶书既非程邈一人所创，其产生的原因自然也非一事所能解释。

根据文献记载和对出土实物资料的研究，概而言之，隶书起源的时间应不晚于秦武王时期，甚至更早。由于日常书写活动特别是官方奏事繁多，为了书写便捷而"以趣约易"，从而加快了隶书的演化进程。

二、隶书名称诸说

秦代以前，文字发展处于早期阶段，没有专属的分类，也没有篆书、隶书等书体名称，先秦文献中也未见关于书体名称的记载。书法艺术以汉字为载体，其发展自然依托于文字的演变，隶书在文字的发展进程中，处于非常关键的古、今文字的交替时期，即"隶变"时期，其过程是极其复杂而又漫长的。在此期间，隶书的名称变化也较为复杂，出现了"隶书""佐书""史书""八分"诸多名称。这些名称出现于隶书演化进程的不同时期，同体而异名，后人常以后代名称予以解释，以致混淆概念，产生歧义和误导。

"隶书"一词，从起源诸说来看，应该始于秦时。关于"隶"的解释有两种，一种认为是徒隶之"隶"，另一种则认为是隶属、附属之意，各有其理。前者认为，隶书的创造或整理者程邈为徒隶，文献记载中常提及"隶人"，故曰隶书。秦八体名称，其区别不仅在于书体，还体现了功用的不同，如刻符施于信物，摹印施于印章，殳书施于兵器，这些文字都为小篆，只是功用不尽相同，所以隶书施于徒隶也是有一定道理的。隶属、附属之意的出发点是基于文字的"正体书"和"俗体书"而

① （北魏）郦道元：《水经注》，中华书局，2009年第一版，第236页。
② 启功：《古代字体论稿》，文物出版社，1993年第二版，第23页。

言。秦代的正体书为小篆，如《泰山刻石》之类，风格端庄典雅，主要用于庄重之场合，日常的书写因正体篆书“难成”，所以使用简易的俗体隶书，二者属于主次、隶属关系。从出土的实物资料来看，秦时隶书的使用不仅限于徒隶，还用于文书、典籍等。由此判断，隶书之“隶”，大概原有隶人或徒隶之意，而随着使用范围的扩大，逐渐变为正体篆书之隶属。

隶书的其他名称，如左书，或曰佐书。新莽六书有“左书”，其实就是隶书。《汉书·艺文志》载了“六体”为古文、奇字、篆书、佐书、缪篆、鸟虫书。“六体”即为新莽六书，可证左书即是隶书。“左”或“佐”有佐助之意，清段玉裁《说文解字注》曰：“其法便捷，可以佐助篆所不逮。”[①]另外，“佐”亦是官职，汉代有书佐一职，地位很低。左书的由来，或许和隶书一样，源于官职。史书亦指隶书，而非《史籀篇》字，《说文解字注》曰：“或云善史书，或云能史书，皆谓便习隶书，适用于时，犹今人之工楷书耳。”[②]其根据是《汉书·元帝纪》《后汉书·和熹邓太后传》等相关记载。隶书之所以又称为史书，与“史”的身份有关系，汉代的一些小官吏叫作史或令史，所以史书与佐书的性质也是一样的。

隶书的另一名称“八分”，则是历代学者争论的焦点，该名称始于汉魏之际。西晋成公绥《隶书体》曰：“若乃八分玺法，殊好异制，分白赋墨，棋布星列，翘首举尾，直刺邪掣，缱绻结体，劖衫夺节。……垂象表式，有模有楷，形功难详，粗举大体。”[③]卫恒《四体书势》曰：“秦既用篆，奏事繁多，篆字难成，即令隶人佐书，曰隶字。……至灵帝好书，时多能者，而师宜官为最，大则一字径丈，小则方寸千言，甚矜其能。……鹄宜为大字，邯郸淳宜为小字，鹄谓淳得次仲法，然鹄之用笔，尽其势矣。鹄弟子毛弘教于秘书，今八分皆弘之法也。”[④]

东汉中后期，真书雏形产生，但未有专属名称，所以仍沿用“隶书”之名，而作为旧书体的隶书则更用“八分”之名。简言之，汉魏之际，“八分”实指隶书，如《熹平石经》《礼器碑》《曹全碑》等碑刻文字；而“隶书”则指真书之雏形，如《汉熹平瓦罐》《吴谷朗碑》等。

由于真书沿用了隶书之名，所以后代真书常被误称为隶书。如刘宋羊欣《采古来能书人名》谓王羲之“特善草隶”，王献之“善隶稿”等，但二王传世作品都为真、行、草书，未见隶书，说明羊氏所言隶书，实指真书。这种混淆隶、楷的情况至隋唐时仍有出现，张怀瓘便是其中代表，其《书断》关于八分一说曰：“案八分者，秦羽人上谷王次仲所作也。王愔云：‘次仲始以古书方广，少波势。建初中，以隶草作楷法，字方八分，言有模楷。’又萧子良云：‘灵帝时，王次仲饰隶为八分。’二家俱言后汉，而两帝不同。且灵帝之前，工八分者非一，而云方广，殊非隶书，既言古书，岂得称隶？”[⑤]

张氏否定了王、萧二人谓王次仲是东汉人的说法，认为王次仲应为秦人，依据竟是神话：“案《序仙记》云：‘王次仲上谷人……变仓颉书为今隶书。始皇时官务繁多，得次仲文简略，赴急疾之用，甚喜，遣使召之，三征不至。始皇大怒，制槛车送之于道。化为大鸟，出在槛外，翻然长引……’案数家之言，明次仲是秦人。”[⑥]此说荒谬至极，也未提及八分，其后文中又有一处引用：“或云：后汉亦有王次仲，为上谷太守，非上谷人。又楷隶初制，大范几同，故后人惑之，学者务

①（清）段玉裁：《说文解字注》，江苏广陵古籍刻印社，1997年第一版，第432页。
②（清）段玉裁：《说文解字注》，江苏广陵古籍刻印社，1997年第一版，第427页。
③（西晋）成公绥：《隶书体》，载《历代书法论文选》，上海书画出版社，1979年第一版，第10页。
④（西晋）卫恒：《四体书势》，载《历代书法论文选》，上海书画出版社，1979年第一版，第15页。
⑤⑥（唐）张怀瓘：《书断》，载《历代书法论文选》，上海书画出版社，1979年第一版，第160页。

之，盖其岁深，渐若‘八’字分散，又名之为八分，时人用写篇章或写法令，亦谓之章程书。”①

张氏认为王次仲有二，前文言秦人王次仲“变仓颉书为今隶书”，后文言东汉王次仲方为八分创造者，自相矛盾。

自先秦至汉末，从篆之捷书到真书之雏形，都可称为广义的隶书。由于演变和发展的程度不同，又有狭义的隶书和八分之别。实际上则是本质相同，名称各异而已。

三、古隶与今隶

“古隶”一词见于古代书论，最早大约是东晋卫夫人《笔阵图》：“又有六种用笔：结构圆备如篆法，飘扬洒落如章草，凶险可畏如八分，窈窕出入如飞白，耿介特立如鹤头，郁拔纵横如古隶。”②

《笔阵图》的真实性众说纷纭，或疑为王羲之撰，或认为是六朝人伪托。其年代不晚于魏晋南北朝，说明“古隶”一说在此之前已经存在。至于古隶究竟是什么样子，北齐颜之推《颜氏家训》一段记载：“开皇二年五月，长安民掘得秦时铁称权，旁有铜涂，镌铭二所……其书皆为古隶。”③

开皇二年为隋文帝开国第二年，公元582年，去汉末已三百多年，即便是汉末成熟之隶书，对当时而言也可谓“古”。隋代通用字体为楷书，隶书也时见于碑版。此时楷书已有专名，隶书应指八分，所以文中所说的“古隶”一定有别于八分的。从现有秦权量实物来看，书体多为小篆，有些笔画方硬或有所省简，近似隶书，颜之推所言“古隶”应该是指此种类型。

既言“古”，必有“今”。古隶或曰秦隶，与之对应的便是今隶或汉隶。有观点认为，两汉前之隶书皆为古隶，之后为今隶。尤其在碑学兴盛的清代，世人还未能目睹汉简隶书真容，石刻自然是隶书发展演变的正宗。西汉石刻数量稀少，所呈现的隶书面貌基本都是古隶。但从文字发展规律来看，无论字体本质抑或风格之变化，都不可能以某一时间点为界。从实物资料来看，汉初承秦制，隶书尚未发展成熟，所以在西汉的很长一段时间内，其文字的使用和秦代没有大的区别。文字的演变和朝代的更迭不是平行发展的，因此仅以时间概念来界定古隶是片面的，秦代是古隶发展的一个阶段，但并未完成。

从书法风格角度来看，古隶则是介于小篆和成熟隶书之间的一种过渡字体，其特点是似篆非篆，似隶而又非隶。今隶即成熟的汉隶，其标志性的用笔为波磔，俗称“蚕头燕尾”。有观点认为《汉三老讳字忌日碑》的隶书无“燕尾”，故称其为古隶，其实不然。该碑笔画都以单线为之，刻法如篆刻单刀之法，“燕尾”这类宽肥笔画不再重复施刀。其中一“及”字捺笔波磔则施以双勾法勾勒出其形，这种刻法在一些汉画像石题记中也有所运用。由此可见，无波磔是刻手的主观原因所致，而非因是古隶。况且该碑结字已然是成熟隶书，所以并不能算作古隶。而《汉建初元年买地刻石》，虽然年代晚于《汉三老讳字忌日碑》，但其字法略有篆书遗韵，如“買”“初”等字，且笔画浑厚古拙，有篆籀之意，因此可以算作书法美学意义上的古隶作品。

---

①（唐）张怀瓘:《书断》，载《历代书法论文选》，上海书画出版社，1979年第一版，第161页。

②（东晋）卫铄:《笔阵图》，载《历代书法论文选》，上海书画出版社，1979年第一版，第23页。

③（北齐）颜之推:《颜氏家训》，中华书局，2007年第一版，第173页。

四、碑制的成熟

前文提到，西汉中后期，简牍上的隶书已经基本成熟，有了标志性的波磔笔画。而从石刻文字来看，这种成熟隶书的大量出现是在东汉中后期，即我们熟知的一些经典汉碑之上，要远远晚于简牍墨迹，呈现出墨迹和石刻双线发展不平衡的状态。

西汉无树碑立石风气，对碑版石刻不重视。西汉初，官方对文字应用没有强制性规定，在习惯上受秦代影响，多用篆书，如《群臣上寿刻石》。秦代碑刻由于是皇帝亲诏，其目的是歌功颂德，所以文字使用统一的小篆，彰显庄重严肃之意。而西汉石刻，功用只是一般记事而已，无论书写还是镌刻，都比较草率随意。随着隶书使用范围的扩大，这些不太重要的记事石刻也逐渐摒弃篆书而改用隶书，但书刻依旧随意。写手主观上但求文字内容正确无误，不会过多揣摩书写效果的好坏，写手态度尚且如此，刻手自然也不会过于认真。所以，西汉石刻数量本就不多，除去篆书部分，其余隶书也非精品。

现存最早的西汉墓碑实物是《麃孝禹碑》，清同治年间出土于山东泗水，所刻时间为河平三年（前26），圜首，阴线刻有两凤鸟画像，碑身刻竖线界格，可视为汉碑形制的雏形。这种雏形一直延续到东汉初期《汉三老讳字忌日碑》，惜碑额已失，四周破损，有横竖界格，文字排列整齐。

“碑”这一形制，在东汉中期基本定型，至中晚期汉桓帝、灵帝及献帝时，已至鼎盛。此时树碑风气极盛，朱剑心《金石学·说石》曰：“其时门生故吏，为其府主刻石颂德，遍于郡邑，风气极盛。”[①] 碑刻上的隶书形态迅速成熟起来。碑在当时备受重视，达官贵族争相树碑立传，其功用由记事变为歌功颂德，所以碑文的书刻不可能再像西汉那般草率随意，必然是挑选优秀的写手和刻手来共同制作。东汉人对篆书的认读和书写能力已经大大下降，只有在极为重要的场合才会偶尔使用篆书，所以碑刻上的文字自然是用当时的主流隶书。写手认真谨慎，刻手又不遗余力地展现自己的高超技艺，至此，早在西汉便已成熟的隶书终于在碑刻上得以体现。除“碑”之外，其他石刻上少有成熟隶书，说明“碑”对石刻隶书的成熟起到了关键的作用。石刻文字滞后于墨迹的现象，在汉代表现得最为强烈，一方面与文字的发展正处于不稳定时期有关，另一方面主要受制于“碑”的发展。

综上所述，《汉三老讳字忌日碑》《汉建初元年买地刻石》等诸多汉隶作品，呈现出的丰富多彩的风格面貌，放在隶书发展脉络中看并不是偶然的。其所处文字嬗变过渡时期，以及政治文化因素的影响、书刻者的主观意识、不同的功用材料、碑制的发展等诸多因素，共同塑造了两汉书法史上的经典之作。

---

① 朱剑心编:《金石学·说石》，上海书店，1996年第一版，第388页。

南宋太学石经新考

王　伟

自南宋太学石经刊刻以来，历代史书著录不断，然对其刊刻过程、经目数量、建迁过程等基础信息的记载却莫衷一是。历代考订亦称详备，然考证之据多依拓本、传抄文献，少有亲临校碑者，所考内容往往与事实有所出入。20世纪80年代始，为保护、展示碑石，以南宋太学石经等碑石为基础，杭州将府学旧址改扩建为杭州孔庙碑林，并专建“石经阁”以储石经，其存续状况遂异于历代著录。除经文外，还存刻有南宋秦桧记文及明代吴讷《石经歌（有序）》碑，秦桧为石经初刻时的提请者，吴讷为明代宣德二年（1427）重整石经的主事者，所记当为可信。恰逢南宋太学石经被列入全国《第一批古代名碑名刻文物名录》之际，笔者梳理石经拓片，实地观摩石碑，重校石经及记文，试在存刻碑文的基础上，结合历代史载及考证中的疑点新考石经，以期厘清南宋太学石经刊刻之源流及现状。

一、刊刻缘起及目的

吴讷在《石经歌（有序）》碑文开篇便指出刊立石经的缘由：“昔宋太宗尝曰：朕退朝观书外，留意字画，虽非帝王事业，不愈游畋声乐乎？迨后高宗亦曰：‘当写书不惟学字，又得经书不忘。’”其后《石经歌》有句：“字形仅比黄庭小，楷法欲与争先驱。宸章赫奕丽霄汉，鸾翔凤翥昭神谟。宰臣敷奏勒琬琰，工徒竭蹶争奔趋。”吴讷所引宋高宗赵构之语出自南宋王应麟所辑《玉海》：“（绍兴十三年）九月四日，上谕辅臣曰：‘学写字不如便写经书，不惟可以学字，又得经书不忘。’既而《尚书》委知临安府张澄刊石，颁诸州学。”①李心传《建炎以来系年要录》记载更为详细：“秦桧奏：‘前日蒙附出御书《尚书》，来日欲宣示侍从官，不惟观陛下书法之妙，又令知陛下圣学不倦如此。’……时上所写六经与《论语》《孟子》之书皆毕，桧因请刊石于国子监，仍颁墨本赐诸路州学，诏可。”②

吴讷所记仅在高宗字经兼学之意，而秦桧所言则另有别意。《毛诗》第十碑末秦桧碑文有句：“（高宗）又于投戈之隙，亲御翰墨，尽书六经以及《论语》《孟子》，朝夕从事，为诸儒倡。臣因得请刊石于国子监，颁其本，遍赐泮宫。”后又言：“夫以乾坤之清夷，世道之兴起，一人专任其责，所为经纶于心，表仪以身者，勤亦至矣，所望于丕应者岂浅！《诗》不云乎：‘思皇多士，生此王国，王国克生，维周之干。’臣愿与学者勉之。”由此可见，秦桧所指刊刻石经并不仅在字经兼学的层面上，其在文末引用《诗经·大雅·文王》中诗句表明刊立石经的初衷：勉励学子成为栋梁之材，期

①（宋）王应麟:《玉海》卷四十三“绍兴御书石经 淳熙石经阁”条，清光绪九年浙江书局刊本。

②（宋）李心传:《建炎以来系年要录》卷一百五十“绍兴十三年十有一月丁卯”条，四库全书本。《宋会要辑稿》所载秦桧请刻“诏可”时间为“十一月戊午”，较李心传所载“十有一月丁卯”早九日。

望如同周文王时的臣子一样效忠朝廷及高宗。

检阅秦桧请刻前后史料记载，笔者认为南宋国子监太学之重建或是其刊立石经的真实缘起。据《宋会要辑稿》《咸淳临安志》等记载，绍兴十二年（1142）十一月十二日，高宗“诏太学养士，权于临安府学措置增展。先是，屡有臣僚言宜复太学，以养育人才，上以戎事未暇。至是，谓宰执曰：‘太学教化之源，宜复祖宗旧法’”。绍兴十三年（1143）正月十五日，以岳飞府第为国子监太学，并在监学置祭酒、司业各一人。二月二十一日，新任国子司业高闶上言：“陛下复兴太学，凡养士、取士之法，当取圣裁。”高宗曰：“自有祖宗成法。”高闶又进言：“旧太学、辟雍皆有御书，今亦乞建阁，以藏御书。仍愿特洒宸翰，加惠多士。”二十二日，高闶又请示太学课试、补试及科举之法，指出“今为士人，多习诗赋，鲜通经义”的弊端，陈明“太学者，教化之本，而最所当先者，经术是也”，“先王设太学之意，惟讲经术而已”，并提议“（课试、科举）第一场，元丰法，本经义三道，《论语》《孟子》义各一道。今太学之法，正以经义为主，欲依旧”，高宗“诏从之”[①]。同年六月，国子监太学建成[②]。

据《玉海》等记载，从绍兴五年（1135）起，廷试后已有高宗向新科进士赐御书经书单篇的惯制；绍兴十三年（1143）二月至绍兴十六年（1146），高宗从高闶之请，《左氏春秋》等经始陆续有“内出御书”“宣示馆职”的记录[③]。绍兴十三年九月四日，高宗谓辅臣（即秦桧等）“学写字不如便写经书”。后秦桧心领神会，请刻高宗所书经书刊立于国子监，时距国子监太学建成仅三月而已。

从以上史实可以看出，从最初御书经书单篇赏赐新科进士，进而御书各经全帙宣示馆职，到最终刊刻各经以颁赐各学，其在方式、内容、受阅范围等方面呈现出一种步步为营之势。

北宋沿用在汉唐国子监太学刊立石经的做法[④]，在仁宗嘉祐年间于开封太学刊立石经（史称“嘉祐石经”）。靖康年间，金人占领开封，石经毁于战乱。绍兴十三年（1143）十二月十一日，高宗谓秦桧曰：“学校者，人才所自出。人才须素养。太宗置三馆养天下士，至仁庙，人才辈出为用。”秦桧曰：“国朝崇儒重道，变故以来，士人虽陷入者，往往能守节，乃教育之效也。”高宗曰：“然。五代之季，学校不修，故无名节。今日若不兴学校，将来安得人才可用耶？”由此可见，南宋初年刊立石经实非帝王意趣的临时起意，也非权相纯粹功利的迎合媚上，实为谋划已久、遵宋仁宗等“祖宗成法”的建学养士之举，是赵构主导、秦桧配合的赵宋中兴举措之一。

二、刊刻经书名目

校勘石经碑文，存刻经书有《易经》《尚书》《毛诗》《春秋左传》《礼记》之《中庸》及《论语》《孟子》，其余无所见。从经文完整情况看，实存较初刻有所缺失。原刻经书究竟如何，学界多有争议。

---

①（清）徐松:《宋会要辑稿》之“太学”条，北平图书馆影印本。
②（宋）潜说友:《咸淳临安志》卷之十一“太学”条，宋咸淳临安府刊本。
③（宋）王应麟:《玉海》卷四十三之“绍兴御书石经 淳熙石经阁”条，清光绪九年浙江书局刊本。
④ 东汉熹平石经立于洛阳太学，唐代开成石经立于长安国子监。

秦桧碑文载为“六经以及《论语》《孟子》”[1]，《建炎以来系年要录》《宋会要辑稿》等亦载为“六经以及《论语》《孟子》”。六经如是确数[2]，除《论语》《孟子》，据现存碑石，六经中《易经》《尚书》《毛诗》《春秋左传》《礼记》五经可明确，如此还缺一经。吴讷碑文所记略有不同：“绍兴二年，（高宗）宣示御书《孝经》，继出《易》《诗》《书》《春秋左传》《论》《孟》及《中庸》《大学》《学记》《儒行》《经解》五篇，总数千万言，刊石太学。”后《石经歌》中有句“投戈讲艺事经术，诸经语孟咸亲书”。依吴讷碑文，所缺一经是《孝经》。

值得注意的是，秦桧所言是在请刊立石于国子监太学之前高宗所书经书的情况，并非刊刻石经的实际情况。据《咸淳临安志》《玉海》等记载，孝宗淳熙四年（1177）专建“光尧石经之阁”储之，时下臣所列绍兴年间刊刻经目为“《易》《诗》《书》《左氏春秋》《论语》《孟子》”[3]，《礼记》五篇（《中庸》《大学》《学记》《儒行》《经解》）并未刊立太学，故请补刻。淳熙四年距石经初刻的绍兴年间时隔不远，且有专阁（廊）储之，若已刻石，应不至于损毁，如此，高宗所书儒经当并非全部刊刻。此外，历代学者考录时，往往将宋高宗赵构书经颁赐与刊石国子监（太学）混为一谈，未加分辨。石经刊刻应是在国子监太学建成、秦桧请刻之后，且刊刻形制统一，所刻成碑石应专置于国子监太学，颁赐府州学的仅为墨本（即拓本）。据《玉海》等记载，高宗最初书经意在兼顾写字习经，自言“凡五十年间，未始一日舍笔墨”。在国子监太学建成之前，高宗已有御书御赐儒经单篇、宣示官职、颁赐州学的记录，如吴讷所记《孝经》宣示御书是在绍兴二年（1132），孝宗时重刻的《中庸》在绍兴五年（1135）已有刻石。梳理南宋至吴讷之前的方志史料，明确置于太学的刊经石刻均记载无《孝经》，而自吴讷之后，史料记载多有《孝经》。亲见碑石如杨一清、王昶、阮元等，所记碑石中也均未见有《孝经》，由此可见，所涉方志史料乃是误用吴讷之记，不可偏信。

综合南宋史料及明清经学家综合考证，南宋太学石经原经目为《易经》《尚书》《毛诗》《春秋左传》《论语》《孟子》全帙，节录《礼记》五篇（《中庸》《大学》《学记》《儒行》《经解》）。现存经目大体保存，缺仅《礼记》四篇（《大学》《学记》《儒行》《经解》）。

三、写刊过程及时间

经文数十万字，写刊非一年可完成。关于刊刻起止时间，秦桧、吴讷碑文中并未直接载明。梳理历朝史料，刊刻时间相对明确：石经分为两次刊刻，第一次在高宗绍兴年间集中刊刻《易经》《尚书》《毛诗》《春秋左传》《论语》《孟子》，第二次在孝宗淳熙四年（1177）建阁奉安时补刻《礼记》五篇（《中庸》《大学》《学记》《儒行》《经解》）。其中第一次的石刻时间，学界有二说，一是始于绍兴五年（1135）高宗赐汪应辰等《中庸》之时，二是始于绍兴十三年（1143）九月秦桧请刻之时。如此，在绍兴十三年（1143）九月及之前是否有石刻则是争议的焦点。

正如前文所述，绍兴五年（1135）所赐《中庸》是为御书石刻，而淳熙四年（1177）所补刻《中

---

① 王昶《金石萃编》所记《春秋左氏传》卷末秦桧记文中为“六经及《论语》《孟子》《左氏传》”，阮元《两浙金石志》所记《毛诗》卷末秦桧记文为“六经及《论语》《孟子》”，后其按语亦记《春秋左氏传》卷末记文中多出“《左氏传》”三字。校验碑文，《毛诗》末碑文如阮元所记无“《左氏传》”，《春秋左氏传》末碑面惜损泐严重，字迹已难辨别。

② 梳理历代史料，石经篇目又有“六经”“九经”之说，王昶等据此认为“桧殆泛指六经，非实数也”。

③（宋）潜说友：《咸淳临安志》卷之十一“光尧石经之阁”条，宋咸淳临安府刊本。

庸》者为“搜访旧本，重行摹勒”，据此可知，绍兴十三年（1143）九月之前亦存在有刊经入石之举。据《宋会要辑稿》所载，在此之前又有多次御书御赐《尚书》《中庸》《孝经》《羊祜列传》，下臣或请刊于私第，或请颁于州学，孔继涵亦考证其“皆是别有刻石”[①]。依笔者之见，两种说法并不矛盾：以经书入石为“南宋石经”看，在绍兴五年（1135）当是不错，以提请刻立太学看，则当在提请之后。本文所论为“太学石经”，则以后者为准。

洪迈《御书阁记略》有载：“当是时，每终一经，辄诏玉册官摹刻，遍以石本侈锡方夏，光天之内，群戴其书。”[②]然而《玉海》所载各经，写刊并不明晰。除绍兴五年（1135）所赐《中庸》明载为“御书石刻”外，其余或“御书”，或不注明。但在绍兴十三年（1143）九月经高宗授意后，继而以《尚书》委任临安知府刊石，十四年（1144）正月所出御书《尚书》之时，应已刊完。结合李心传等所载，秦桧请刊始于《尚书》，且从各经“内出御书”记录看，《春秋左传》出现为两次，第二次为绍兴十六年（1146），应是刊完时间。此外，写经完成时间又有绍兴九年（1139）之说[③]，但从秦桧记文落款时间及《玉海》等各经详出时间看，笔者只能认定绍兴十三年（1143）写毕之说是确定无疑的。

四、书写者及书体

关于石经书写者，历代说法有二：一为宋高宗赵构所书，二为宋高宗赵构主书，皇后吴氏[④]续书。秦桧、吴讷存刻碑文中仅言高宗，未提及皇后续书之事，南宋王应麟、吕祖谦、洪迈、曾宏父及杨冠卿等记录如是，而叶绍翁《四朝见闻录》中有“（高宗）亲御翰墨稍倦，即命宪圣（即皇后吴氏）续书，今皆莫能辨”等记载，李心传《建炎以来朝野杂记》中称皇后续书有万卷，潜说友《咸淳临安志》载有皇后其人，清代王昶综合考之，并称续写时间在其立为皇后之前后[⑤]。南宋至今两种说法均有采用，但因碑刻中书体“皆莫能辨”，且皇后之书乃仿高宗御书，南宋至今学人多言高宗书法，而皇后所书鲜有提及。

关于书体，笔者校勘碑石，以楷书、楷行书为主，不同书体，尺寸亦不相同：《周易》《尚书》《毛诗》《春秋左传》四经均为小楷，字径1厘米；《论语》《孟子》两经均为楷行相间，字径1.5厘米；《中庸》为小楷为主，间杂行书，字径1.2厘米[⑥]。

五、建置沿革及存续状况

关于建置沿革，吴讷碑文略已记之，历代史书多有记载，综合史料及目前状况，笔者梳理其大

---

①（清）阮元:《两浙金石志》引“孔户部（继涵）”条，清光绪十六年浙江书局刊本。
②（宋）王应麟:《玉海》卷四十三之“绍兴御书石经 淳熙石经阁”条，清光绪九年浙江书局刊本。
③（清）朱彝尊:《经义考》引《截江纲》，清光绪二十三年浙江书局刊本。
④ 书称“宪圣”，史传记载其博习诸史，善翰墨，在南宋绍兴十三年立为皇后，潜说友《咸淳临安志》载其书《金刚经》并刻石。
⑤（清）王昶《金石萃编》之“高宗御书石经”条，1921年扫叶山房本影印本。
⑥ 历代金石家所记略有不同：曾宏父记为《论语》《孟子》为章草，其《论语》波法类似章草，实在楷行之间；王昶认为《孟子》并非章草，而是正行书；钱大昕则认为此二经均势稍纵逸，结体在真行之间；冯登府另言《中庸》等《礼记》五篇为行书。

致历程为“两建两迁九置”，具体如下：

1.宋高宗绍兴十四年至绍兴十六年（1144—1146）：所刊《周易》《尚书》《毛诗》《春秋左传》《论语》《孟子》石刻立于太学首善阁及大成殿后三礼堂之廊庑，高宗御题阁匾“首善阁”。（是为第一建、第一置）

2.宋孝宗淳熙四年（1177）六月：在太学西北隅建光尧石经之阁奉安石经，并补刻《礼记》五篇，置墨本于阁上，石刻于阁下，孝宗御题阁匾“光尧石经之阁”。（是为第二建、第二置）

3.元至元二十五年（1288），杨琏真迦欲取石经作为塔基，杭州总管府推官申屠致远力拒而止，时石经已有散佚①。至元三十一年（1294），宋太学旧址改建为西湖书院，后新建尊经阁，石经藏于尊经阁北侧书库。（是为第三置）

4.明宣德二年（1427），时西湖书院已改为仁和县学，吴讷、卢玉润等重整石经，重置于县学大成殿后及两庑，其言为“百片”，吴讷撰并刻有《石经歌（有序）》列于其后。（是为第四置）

5.明天顺三年（1459），石经随仁和县学移至城隅贡院②。（是为第五置、第一迁）

6.明正德十二年（1517），宋廷佐、留志淑等移石经至杭州府学棂星门外两旁，覆以周廊存之，杨一清为之记。（是为第六置、第二迁）

7.明崇祯十七年（1644），廊塌，石经改为嵌壁③。（是为第七置）

8.20世纪末至21世纪初，复建孔庙碑林时，先存展于大成殿内，后专建“石经阁”以储之④。（是为第八置、第九置）

自宋廷佐迁石经于杭州府学以来，实存碑石总数有八十六、八十七之说，且各经数量多有不同，各家所记及现存情况详列如下：

经名 / 著录者 / 现存数量（碑）	杨一清	朱彝尊	王昶	阮元	朱文澡	冯登府	张国淦	张鉴	现存
《易经》	2	2	2	2	2	2	2	2	2
《尚书》	7	6	7	7	7	7	7	7	7
《毛诗》	10	12	10	10	10	10	10	10	10
《春秋左传》	48	48	49	48	49	48	48	48	48
《论语》	19	7	7	7	7	7	7	7	7
《孟子》		11	11	11	11	11	11	11	11
《中庸》		1	1	1	1	1	1	1	1
无法辨识	—	—	—	—	—	—	—	—	1
总计	86	87	87	86	87	86	86	86	87

① 孔继涵言为“石经之亡，亡于徙学，不亡于杨琏”。

② 郎瑛、孔继涵、王昶等记为洪武末仁和学移至城隅贡院，石经随迁，与吴讷、杨一清、沈仪等所记不合。

③（清）朱彝尊:《经义考》，清光绪二十三年浙江书局刊本。

④ 1953年，浙江省文物管理委员会重新整理；1989年，杭州孔庙碑林一期工程全面完工时，石经展存于大成殿内；2008年，杭州孔庙碑林二期工程全面完工时，石经终置于新建的“石经阁”内。

经笔者实地校勘，实存87石，其中85石现集中展示于杭州孔庙碑林石经阁内，其中《易经》2碑、《尚书》7碑、《毛诗》10碑、《春秋左传》48碑、《论语》7碑、《孟子》11碑、《中庸》1碑。其中，《孟子》第二十二碑后改刻为宋理宗《道统十三赞·子思》[1]，现展示于杭州孔庙碑林御书廊中；另一石今存杭州市文物考古研究所内，因碑面风化严重，暂无法辨识。

六、刊刻形制及尺寸

关于石经的整体形制，吴讷记为“身高八尺广逾半，上圆中直安方趺”，其余史料鲜有提及。参照南宋理宗《道统十三赞》碑、吴讷《石经歌（有序）》碑及唐、清现存石经形制，南宋太学石经原形制应为圆首、方座俱全，惜今仅存碑身。所存经文刊刻格式固定，规整有序，校勘各经碑身尺寸、列行数及序列号，简录如下：

（一）《易传》：现存2碑，碑高155—155.5厘米，宽122—124厘米，厚24.5—25厘米。每石纵4列，每列42行，满行17—18字，字径1厘米，楷体。碑额刻竖行经名及数字序号，每列右侧[2]刻竖行日月及数字序号，且不连贯：第一碑碑额刻“易一”，前二列右侧分别存刻“日一”“日二”；第二碑碑额刻“易一”，四列右侧分别存刻“月一”“月二”“月三”“月四”。

（二）《尚书》：现存7碑，碑高155—157.5厘米，宽96—98厘米，厚24—25厘米。每石纵4列，每列42行，满行17字，字径1厘米，楷体。碑额及每列右侧仅刻数字序号，且前后连贯，如原刻第二碑，碑额刻“二”，四列右侧分别刻存“五”“六”“七”“八”；原刻第十石碑额刻“十”，第三列右侧存刻“三十九”，列中经文卷末存刻有秦桧记文。

（三）《毛诗》：现存10碑，碑高155.5—167厘米，宽84—103厘米，厚20.5—25.5厘米。每石纵4列，每列45行，满行18字，字径1厘米，楷体。碑额仅刻数字序号，每列右侧刻竖行经名及数字序号，且前后连贯，如原刻第一石，碑额刻“一”，四列右侧分别刻“诗一”“诗二”“诗三”“诗四”；原刻第十三碑，碑额刻“十三”，第三列右侧存刻“诗 五十一”，列中经文卷末存刻有秦桧记文。

（四）《春秋左传》：现存48碑，碑高152—164厘米，宽86—101厘米，厚22—26厘米。每石纵4列，每列45行，满行18字，字径1厘米，楷体。碑额仅刻数字序号，每列右侧刻竖行经名及数字序号，且前后连贯，同《毛诗》，如原刻第十石，碑额刻“十”，四列右侧分别刻“春秋三十七”“春秋三十八”“春秋三十九”“春秋四十”；原刻第六十三碑第三列经文后存刻有秦桧跋文。

（五）《论语》：现存7碑，碑高155.5—160.5厘米，宽96—97厘米，厚21.5—25厘米。每石纵4列，满列27行，满行15—16字，字径1.5厘米，较其他经书略大，楷体行意。碑额、每列右侧均刻竖行经名及数字序号，如原刻第二石，碑额刻“语二”，四列右侧存刻“语五”至“语八”；原刻第十石第四列经文后存刻秦桧跋文。

（六）《孟子》：现存11碑，碑高152.5—161.5厘米，宽96—106厘米，厚20—21厘米。每石纵4列，每列28行，满行15—17字，字径1.5厘米，楷体行意。碑额仅刻数字序号，每列右侧上按“天地玄黄、宇宙洪荒”等《千字文》顺序标刻，下刻数字序号，如原刻第八石，碑额刻“八”，第三、

---

① 该石改刻时间无记载，碑上方仍存有“二十口”字样，碑面仅存少数文句残笔，历代著录中未提及此碑。与明清著录核对，现存中缺《孟子》第三碑。

② 以观者面向碑面方向为右侧，张崟以与碑面同方向录为左侧。

四列右侧存刻“荒三十一”“荒三十二”。原刻第十九石，碑额刻“十九”，四列右侧存刻“暑一”至“暑四”。原刻第二十二碑第四列经文后残存秦桧跋文数字。

（七）《中庸》：现存1碑，碑石高197厘米，宽111厘米，厚29厘米，尺寸为现存石经中最大。纵5列，前四列40行，第5列33行，满行14字，字径1.2厘米，楷体，间杂行书。碑石上部未刻数字编号，每列右旁刻经名及数字序号（“中庸三”至“中庸七”），第五列经文后存刻篆书玺印“御书之印”。

七、历代拓本简录

经书入石，其碑石作为底版保固，而以拓本流布。秦桧碑文载曰“颁其本，遍赐泮宫”，吴讷又言“新安朱熹修白鹿书院，奏请大帝石经本是也”。从南宋史料及名家笔记、文集等记载可以看出，在南宋时各路州学书院、馆职官员及经学学者均可获赐石经拓本，可谓流传广泛。元时重纸本，而石经拓本鲜有记载。明至民国帖碑学、经学兴盛，随着石经重整、迁置，收藏、研习石经拓本成为风尚。结合前贤梳理，将历代史料著录的石经拓本疏列如下：

序号	版本名称	时代	收藏机构/收藏者	拓本经目	著录情况	备注
1	南宋各路州学绍兴颁赐本	南宋绍兴年间	南宋各路州学	《易经》《尚书》《毛诗》《春秋左传》《论语》《孟子》全帙	秦桧记文、潜说友《咸淳临安志》、范成大《吴郡志》、洪迈《御书阁略记》等	南宋时临安府学、平江府学等均专建御书阁以奉高宗皇帝御书石经，为秦桧所言“颁其本，遍赐泮宫”之墨本
2	南宋太学光尧石经之阁全本	南宋淳熙六年（1179）	南宋太学光尧石经之阁	《易经》《尚书》《毛诗》《春秋左传》《论语》《孟子》全帙，《礼记》五篇	王应麟《玉海》、李心传《建炎以来系年要录》、曾宏父《石刻铺叙》等	
3	南宋白鹿书院朱熹奏请本	南宋淳熙年间	白鹿书院/朱熹	同上	《玉海》、吴讷《石经歌（有序）》碑等	
4	明吴县唐寅藏文徵明跋残本	明代正德十二年（1517）	唐寅	《周易》《春秋左传》	朱彝尊《经义考》	文徵明所跋本为残本百叶，约万有五千言，前后断缺……但所书惟《易》《春秋左传》，又皆不全，视全本百分之一耳

（续表）

序号	版本名称	时代	收藏机构/收藏者	拓本经目	著录情况	备注
5	清康熙朱彝尊藏残本	清康熙年间	朱彝尊	《易经》《尚书》《毛诗》《春秋左传》《论语》《孟子》《中庸》	朱彝尊《经义考》《曝书亭集》、杭世骏《石经考异》等	
6	清乾隆孔继涵藏残本	清乾隆三十三年（1768）	孔继涵	同上	孔继涵《宋太学石经记》、阮元《两浙金石志》等	乾隆戊子之夏，钱塘张廷谟所拓，计七十四翻
7	清乾隆王昶藏残本	清乾隆四十七年（1782）	王昶	同上	王昶《金石萃编》等	
8	清嘉庆阮元藏残本	清嘉庆年间	阮元	同上	阮元《两浙金石志》等	
9	清嘉庆冯登府藏残本	清嘉庆年间	冯登府	同上	冯登府《石经补考》	
10	民国张国淦藏残本	民国时期	张国淦	同上	张国淦《历代石经考》	
11	民国张崟藏残本	民国时期	张崟	同上	张崟《旧杭州府学南宋石经考》	
12	浙江省博物馆藏残本	清至民国	浙江省博物馆	同上		
13	当代杭州孔庙碑林藏残本	2008年	杭州孔庙碑林	同上	杜正贤《杭州孔庙》	

后 记

入选全国首批名碑名刻浙江省的41通（组）中，杭州（包括浙江省博物馆藏品）多达14通（组），超过总数的三分之一。杭州孔庙碑林为浙江省内收藏碑石最为集中的场所，幸有三组藏品（钱元瓘墓星象图石刻、南宋太学石经、孔子及七十二弟子像赞碑）载入名录。2024年7月，正值名录公布一周年之际，我们在杭州孔庙碑林举办了“浙水敷文——浙江名碑名刻拓本展”。

展览由金霄航总策划，胡建良、胡骁、颜珏、王伟、方琦、王子滢、马敏、胡彦羽、谢亚玲为展览执行，魏祝挺、段虹、胡建良、胡骁、颜珏为展览协调，在此衷心感谢大家的辛勤付出。

本次展览在杭州市园林文物局的指导下，由杭州市文物遗产与历史建筑保护中心主办，浙江省博物馆吴越国历史文化研究展示中心协办。在此衷心感谢浙江省博物馆、淳安县博物馆、温州博物馆、湖州市文物保护管理所、长兴县博物馆、安吉县博物馆、海宁市文物保护管理所、义乌市博物馆、衢州市博物馆、缙云县博物馆等兄弟单位的大力支持，特别感谢至微堂、丽水金石专家吴志华、杭州师范大学美术学院丁万里等为本展览提供了展品制作、展陈拓本和艺术史资料。

这些名碑名刻或传世，或出土，时间跨度长达两千余年，形制包括石碑、帖石、墓志、经幢、石经、摩崖等多种类型，因其丰富的历史、艺术和科学价值备受世人瞩目，历代著录、研究不断，犹如浙江之水，滋养这古老大地上人们的文化品性。此次展览，能让浙江省41通（组）名碑名刻的拓本共处一室，可谓千年等一回，满堂生辉。为留住这一宝贵资料，我们将所有拓本集于一册，加以简介、释文和专文解读，以飨读者。如有不当谬误之处，敬请各位方家不吝赐教。

编者

2024.12

图书在版编目（CIP）数据

浙水敷文 ：浙江名碑名刻拓本 / 杭州市文物遗产与历史建筑保护中心编 ；金霄航，魏祝挺主编．-- 杭州 ：浙江古籍出版社，2024．12．-- ISBN 978-7-5540-3225-1

Ⅰ．K877.422

中国国家版本馆CIP数据核字第2024FJ5073号

浙水敷文——浙江名碑名刻拓本

杭州市文物遗产与历史建筑保护中心　编

金霄航　魏祝挺　主编

责任编辑	徐晓玲
责任校对	吴颖胤
责任印务	楼浩凯
出版发行	浙江古籍出版社 （杭州市环城北路177号　电话：0571-85176986）
排　　版	杭州兴邦电子印务有限公司
印　　刷	浙江新华印刷技术有限公司
开　　本	787 mm×1092 mm　1/16
字　　数	158千
印　　张	10.75
版 印 次	2024年12月第1版　2024年12月第1次印刷
书　　号	ISBN 978-7-5540-3225-1
定　　价	268.00元